El amanecer de lo divino

Svāmī Praṇavāmṛtānanda Puri

El amanecer de lo Divino

Svāmī Praṇavāmṛtānanda Puri

Mata Amritanandamayi Center
San Ramon, California, Estados Unidos

El amanecer de lo divino

Svāmī Praṇavāmṛtānanda Puri

Publicado por:
Mata Amritanandamayi Center
P.O. Box 613, San Ramon
CA 94583-0613
Estados-Unidos

-------------- *Dawn of the Divine - Spanish* ----------------

Primera edición: noviembre 2020

En España:
www.amma-spain.org

En la India:
www.amritapuri.org
inform@amritapuri.org

Dedicatoria

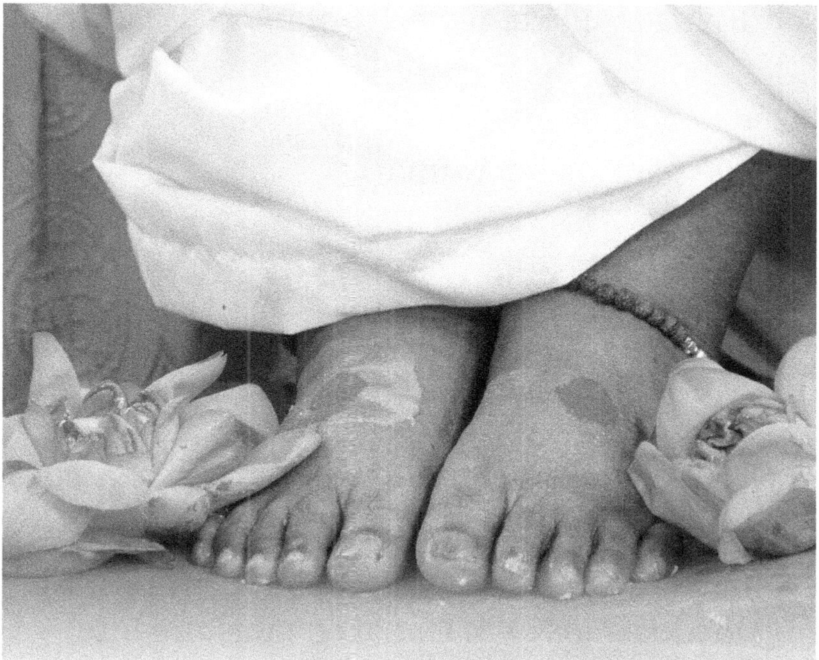

Dedico este libro con toda humildad
a mí queridísima Madre y Maestra
Śrī Mātā Amṛtānandamayī

Índice

Prólogo 9
«Adivina lo que tengo en la mano»

Capítulo 1 18
« ¿Qué piensas de Amma?»

Capítulo 2 30
« ¿Enga? ¿Enga?»

Capítulo 3 44
« ¿Dónde pusiste el paraguas? »

Capítulo 4 67
« ¿Obedecemos al maestro en pensamiento, palabra y acción?»

Capítulo 5 93
«¿Quién es la mujer que está de pie debajo del árbol?»

Capítulo 6 109
"¿Qué pasó con tu tapas?»

Capítulo 7 133
« ¿Te adoran todos?»

Capítulo 8 148
«¿Quieres hacer que el Señor rompa su voto?»

Capítulo 9 169
« ¿Cómo se sientan, hablan y caminan los sabios?»

Epílogo: 185
« ¿Tienes fe?»

Glosario 205

Guía de pronunciación 228

Sobre el autor 231

Agradecimientos

Recuerdo con gratitud a todos los que han ayudado a que este libro vea la luz del día.

Prólogo

«Adivina lo que tengo en la mano»

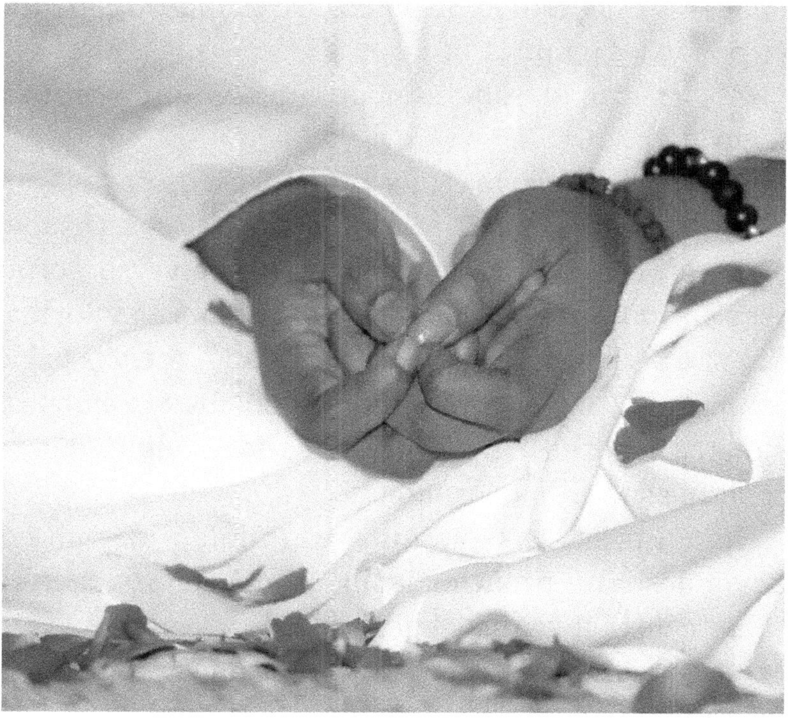

Había un hombre que se ganaba la vida vendiendo huevos. Un amigo escondió un huevo en una mano, se la llevó a la espalda y le pidió al vendedor que adivinara lo que tenía en la mano.

—Dame una pista —dijo el vendedor de huevos.

El amigo le dio varias.

—Se parece a un huevo. Tiene la forma y el tamaño de un huevo. Por dentro es amarillo y blanco. Antes de cocinarse está líquido. Se pone duro cuando lo calientas. Lo ponen las gallinas.

Al oír eso, el vendedor de huevos dijo con toda seguridad:

—¡Oh, ya sé lo que es! Es una especie de pastel, ¿no?

A veces no vemos las cosas más obvias. Los sabios dicen que Dios es la cosa más obvia del universo, porque está en todas partes, en todos los nombres y formas. Nuestra propia vida es una prueba de su presencia bajo la forma de la conciencia divina en nosotros. Sin embargo, nuestra mente turbia y nuestras ideas equivocadas ocultan esa verdad desnuda.

Imagina que has estado rezándole a Amma con fervor desde hace mucho tiempo y finalmente se aparece delante de ti en carne y hueso. Lloras y le preguntas:

—Amma, ¿Por qué no has venido antes?

Amma te responde:

—Hijo, siempre he estado contigo, pero no has podido reconocerme. Estaba presente bajo la forma de tu familia, tus amigos y todos los demás seres. Por lo menos, a partir de este momento intenta ver a todos los seres como Yo en una forma diferente.

Para la mayor parte de los creyentes, incluidos los devotos de Amma, el universo está marcado por una dualidad teológica: Dios y el mundo. Los devotos de Amma se ven a sí mismos como parte del mundo y a Amma como una con Dios. Solo la última parte de la ecuación es correcta. En el verdadero sentido espiritual, todos somos Dios, nos demos cuenta o no. Dios es todo lo que hay. «*Brahma satyam jaganmithyā*» («Brahman, el Ser Supremo, es la realidad. El mundo es ilusorio»), declaró Ādi Śankara, el defensor más famoso del *advaita*, la filosofía no dual.

Pero nos hemos obsesionado tanto por los nombres y las formas que no percibimos la esencia sin nombre y sin forma. No vemos el bosque por los árboles, el oro por los adornos y el mar por las olas, ese es nuestro destino existencial. Nuestra visión defectuosa, que ha distorsionado nuestra comprensión, solo percibe las partes, pero no el todo. El mundo es un lugar de una diversidad desconcertante, porque estamos demasiado identificados con los nombres y las formas. Desgraciadamente, no percibimos, como Amma, la unidad subyacente.

Ella lo ha dado a entender: «No estoy limitada a este cuerpo de metro y medio de altura». Sin embargo, a pesar de esas indicaciones sobre su omnipresencia, esta nos pasa inadvertida. No solo eso: la mayor parte del tiempo no la entendemos verdaderamente.

Un día, hace muchos años, cuando se estaban construyendo algunos de los edificios del āśram, me encontraba de pie cerca del *kaḷari* cuando oí por casualidad una conversación entre dos hombres de mediana edad que caminaban por el sendero que había al lado.

El primero de ellos dijo:

—Mira, el dinero para todo esto viene del extranjero.

El segundo replicó:

—Detrás del templo (kaḷari) hay una cueva, y en esa cueva hay un túnel que conduce hasta el mar, que es de donde viene todo el dinero.

Me acerqué a los hombres y ofrecí llevarlos a la cueva para que pudieran verla por ellos mismos. Aunque sorprendidos por mi ofrecimiento, aceptaron. La cueva estaba completamente oscura. Encendieron una cerilla y vieron a un hombre inmerso en una profunda meditación. No encontraron ningún túnel. Los dos hombres se sintieron avergonzados por lo que habían dicho del āśram. En la cueva solo vieron a alguien que intentaba ganar honradamente la riqueza espiritual. Antes de marcharse rezaron delante del templo para pedir perdón por su error.

La comprensión que el mundo tiene de Amma a menudo deja mucho que desear. Hace unos años, cuando falleció un ferviente devoto de Amma, algunos críticos dijeron:

—¿Dónde estaba Amma? ¿No pudo haber hecho algo para salvarlo? ¡Él había hecho mucha *sēva* (servicio desinteresado) para Amma!

El nacimiento y la muerte son como las dos caras de una moneda. Reírse al nacer y llorar al morir es como tener en cuenta solo un aspecto de la existencia. Esperar que Amma salve a alguien de la muerte, aunque sea un devoto, es ignorar las leyes de la naturaleza, que hasta las almas instaladas en Dios consideran sagradas. Según Amma, la espiritualidad no nos enseña a volverle la espalda a la muerte, sino a afrontarla sin miedo, con una sonrisa.

Hay unas cuantas anécdotas relacionadas con el excéntrico santo Nārāṇattu Bhrāntan (Nārāṇattu el lunático) que vale la pena contar aquí. Ese santo empujaba grandes piedras colina arriba y después miraba con júbilo como rodaban hacia abajo. No estaba actuando bajo ninguna maldición sisífea; en realidad, su acción transmitía el mensaje de que es difícil avanzar espiritualmente pero fácil caer en la perdición.

Una noche, Nārāṇattu Bhrāntan fue a un campo de cremación. Hacía frío y el fuego de una pira funeraria daba algo de calor. Nārāṇattu Bhrāntan se acostó al lado de la pira y se durmió. Al cabo de un rato, oyó unos estridentes chillidos. Cuando abrió los ojos, vio a la diosa Bhadrakāḷī de pie delante de él, con todos sus terroríficos atributos: el cabello enmarañado, los ojos rojos, los colmillos, la roja lengua colgando, la guirnalda de calaveras y el cinturón de cabezas y dedos humanos. A Nārāṇattu Bhrāntan no le impresionó. Cuando Ella le pidió que se marchara de allí, ni se molestó en contestar. Se limitó a darse la vuelta y siguió durmiendo. Nada de lo que Ella hizo le asustó en lo más mínimo. Complacida por su valentía, Kāḷī le ofreció un deseo, pero a Nārāṇattu Bhrāntan no le interesó. Cuando la diosa le presionó para que le pidiera un deseo, le pidió a regañadientes que le alargara la vida un segundo. Kāḷī dijo que no podía hacerlo. Entonces le pidió que le acortara la vida un segundo. De nuevo, Ella le dijo que no podía, porque no quería alterar las leyes de la naturaleza.

—Bien, entonces, ¿que deseo puedes concederme? —preguntó sarcásticamente Nārāṇattu Bhrāntan.

Entonces le pidió a la diosa que le transfiriera la elefantiasis que sufría en la pierna derecha a la pierna izquierda. Kāḷī lo hizo así y se marchó.

Y, sin embargo, los *mahātmās* (las almas espiritualmente iluminadas) tienen el poder de suspender las leyes de la naturaleza. Hace años, el patriarca de una familia de fervientes devotos enfermó gravemente. Los doctores le diagnosticaron fiebre cerebral y no le dieron a la familia muchas esperanzas de recuperación. La esposa y los hijos estaban desconsolados. Llamaron a Amma, que en ese momento estaba en Japón. Durante dos días, mientras Amma daba darśan a los devotos japoneses, se le vio secarse las lágrimas muchas veces. Parecía inconsolable, y muchas personas imaginaron que Amma estaba llorando por la muerte inminente del sincero devoto y por el sufrimiento que su pérdida le causaría a la familia. Los miembros de su familia le suplicaron a Amma por teléfono que le salvara la vida. Ella los consoló, pero no dijo nada más.

Después de una larga enfermedad, el devoto se recuperó ante el asombro de los médicos y la alegría, el alivio y la inmensa gratitud de su familia. Poco después, el devoto vino con su familia a Amṛtapuri. Amma le dio al hombre un darśan muy largo y después le pidió que revisara su carta astral. Cuando volvió a casa hizo lo que Amma le había indicado. Su astrólogo le dijo que estaba destinado a vivir hasta los sesenta y seis años. Acababa de cumplir sesenta y siete. Han pasado casi veinte años desde entonces y el hombre sigue vivo y muy entregado a Amma.

Eso no significa que Amma sea parcial a favor de algunos. Solo Ella conoce el destino de cada ser, pero, como está por encima del destino, tiene el poder de modificar el de los demás. Amma sabe qué es lo mejor para nosotros; nosotros no. Tampoco sabemos nada sobre las leyes del karma. Dada nuestra comprensión gravemente limitada, ¿cómo podemos preguntarnos por qué interviene en el destino de unos y no en el de otros? ¿Qué pueden entender los meros mortales, como nosotros, de los problemas más grandes de la vida? Por tanto, reconozcamos nuestro desconocimiento de las leyes sutiles de la naturaleza y aprendamos a rendirnos a la voluntad divina.

Para poder experimentar los múltiples aspectos sutiles de la vida hace falta una mente tranquila. Nuestra conciencia fluye por nuestros sentidos siguiendo el rastro de los deseos. Los impulsos físicos y los anhelos emocionales son poderosas fuerzas que alejan del centro la corriente de la conciencia. Para hacer que la mente sea introvertida, estable y tranquila hacen falta una actitud, unas acciones y un entorno correctos. Un maestro espiritual o guru desempeña un papel vital en ese sentido. Lorado Taft, el célebre escultor, contó un episodio que tuvo lugar durante un campamento de verano a orillas de un precioso lago. Las puestas de Sol eran extraordinariamente pintorescas. Una tarde, una niña le preguntó si podía ir corriendo a casa y «enseñarle la puesta de Sol» a su familia.

—Por supuesto —le dijo Taft—; pero, ¿no la verán ellos de todos modos?

—No —contestó la niña—, yo nunca había visto la puesta de Sol hasta que tú viniste.

El guru hace patente la realidad. La *Guru Gītā*, una colección de estrofas en alabanza del guru, ensalza el papel del preceptor de este modo:

> *na gurōradhikam tattvam*
> *na gurōradhikam tapaḥ*
> *na gurōradhikam jñānam*
> *tasmai śrīguravē namaḥ*
>
> No hay ninguna realidad más elevada que el guru,
> ninguna austeridad más purificadora que él
> y ningún conocimiento más grande que él.
> Saludamos al guru (74).

El Señor Śiva incluso le dice a su consorte:

> *mantrarājamidam dēvi, gururityakṣara dvayam*
>
> Oh, Diosa, reconoce estas dos letras (*«gu » y «ru»*) como el rey de todos los mantras.

Podríamos escavar en la *Guru Gītā*, otras escrituras sagradas y las experiencias personales de una legión de devotos para demostrar la sublime gloria del guru, y aún no sería bastante como tributo. Hemos sido particularmente bendecidos por tener una guru como Amma. Ella no quiere nada de nosotros. Solo nos pide que recobremos la pureza de corazón y la inocencia de un niño pequeño.

Este libro es una ofrenda de reflexiones escogidas a lo largo de mi odisea espiritual. Si estás leyendo este libro, has oído hablar de Amma o la has visto y recibido su darśan. Amma representa la conciencia suprema que habita en todos y cada uno de nosotros. Permitamos que Ella nos guíe. Entonces seremos testigos del ocaso de nuestra ignorancia y del subsiguiente amanecer de la iluminación espiritual.

Capítulo 1
«¿Qué piensas de Amma?»

Amma no se la puede explicar, solo se la puede experimentar. El siguiente episodio sirve como ejemplo de ello.

Hace años, un célebre autor de muchos libros conocidos vino a Amṛtapuri. Solicitó, y le fue concedida, una entrevista personal con Amma. Su amor y compasión le causaron tal impresión que, cuando salió de la habitación de Amma, brillaba con una sonrisa de satisfacción. Me presentaron a ese escritor y una tonta curiosidad me impulsó a preguntarle:

—¿Qué piensas de Amma?

La pregunta debió de tomarlo por sorpresa. Después de una pausa reflexiva, respondió:

—¿Qué puedo decir? ¿Puedo hacerte unas preguntas? ¿Qué piensas *tú* del cielo, del mar y del Sol? ¿Qué piensas del viento?

Entendí lo que quería decir. Con sus preguntas retóricas estaba señalando claramente que las maravillas naturales como el viento y el cielo son difíciles de evaluar o describir (¡aunque era escritor!); sin embargo, se pueden experimentar.

La explicación y la experiencia son encuentros de diferente clase: una es intelectual; la otra, visceral. El intelecto disecciona e interpreta según lo que imagina. Solo el corazón puede llegar a la esfera de la experiencia pura. Amma se encuentra en el terreno indescriptible de la experiencia.

Hay un episodio semejante que se puede mencionar aquí. Una vez, un erudito de cierto renombre se acercó a Amma y le preguntó:

—¿Te puedo hacer unas preguntas?

—Por supuesto, querido hijo —le respondió afablemente Amma.

—¿De dónde vienen todas las estrellas? ¿De dónde surgen las montañas y los mares?

La sonrisa de Amma fue cautivadora. Le dijo:

—Hijo, ¿de dónde vienen tus preguntas? Esa es la fuente de todo el universo. Busca y descúbrelo.

Arraigada en la conciencia pura, su réplica sortea las exigencias abrumadoras de la erudición para revelar una respuesta sencilla a los enigmas milenarios. Cambia radicalmente el foco de atención: de *la pregunta* a *quien pregunta*.

Amma no le resta relevancia al papel del intelecto, que tiene su lugar; pero desaconseja darle demasiada importancia. Si los misterios recónditos del universo nunca se pueden captar por el intelecto, ¿cómo va a ser posible comprender a la guru? Ella es una con Dios, el Creador del universo, cuya dimensión es aún más colosal que la del cosmos.

Amma Dice: «No trates de juzgar al maestro con el intelecto. Tu comprensión de Él sin duda será incorrecta. Como vives en la mente y tus hábitos y tendencias son muy fuertes, no puedes entender los "extraños estados de ánimo" del maestro por la lógica y el razonamiento. No lo entenderás hasta que, finalmente, se te revele que el maestro no puede ser entendido por medio de la mente o el intelecto. Comprenderás que la fe es el único camino. Solo se puede llegar a conocerlo mediante la entrega y una apertura como la de un niño».

Hace muchos años, cuando fui a la habitación de Amma, la vi comiendo algo que parecía estar disfrutando inmensamente. Entonces me metió un trozo en la boca. Me lo comí y después le pregunté:

—Era *ñāval* (ciruela negra) , ¿no?.

—¿No lo recuerdas? —me preguntó Amma.

—¿Recordar qué, Amma? —le pregunté, porque no entendía lo que quería decir.

—Esta fruta es del árbol de *ñāval* al que te até.

El comentario de Amma despertó un recuerdo latente. Hacía unos treinta y cinco años, poco después de haber ingresado en el āśram, encontré algunos mangos salados en la cocina y tomé unos cuantos a hurtadillas para comérmelos con arroz en el almuerzo. En esa época las comidas eran realmente austeras, sin curris deliciosos que acompañaran el arroz. Al ver que me alejaba sigilosamente de la cocina, Amma supo que estaba haciendo alguna trastada. Me llamó rápidamente:

—¡Eh, Vēṇu!

Cuando oí la voz de Amma, me sorprendí. Escondiendo rápidamente la mano con los mangos salados tras la espalda, tiré lo que había robado y me quedé de pie sintiéndome culpable delante de Amma, que, por supuesto, había visto lo que había hecho. Me agarró y me ató al árbol de ñāval como «castigo». Asustado, me puse a sudar copiosamente. No veía que Amma solo estaba bromeando. Había muchas personas mirando, incluidos los devotos que habían venido para el darśan de Amma.

Diecisiete años después de ese episodio, Amma me dijo:

—En ese momento estabas muy asustado, ¿no? En realidad, estaba imaginando que tú eras Kṛṣṇa y yo era Yaśodā, y estaba disfrutando de la escena.

Y cuando Amma comía la fruta del ñāval, había estado saboreando el recuerdo más que la fruta. ¿Quién sabe lo que los mahātmās experimentan cuando se relacionan con el mundo?

El Evangelio de *Śrī Rāmakṛṣṇa* cuenta que Gōpāler Mā, una discípula, una vez que visitó a *Śrī Rāmakṛṣṇa* le llevó unos dulces. En el momento en que entró en la habitación, Él le preguntó:

—¿Qué me has traído? Por favor, dame un poco.

Gōpāler Mā dudó, porque había más gente en la habitación y también porque los dulces eran baratos. Sin embargo, se los dio al maestro, que se los comió alegremente. Después este dijo:

—¿Por qué gastar dinero? Haz algo de *narkel naḍu* (un dulce hecho de coco rallado y panela) y trae un poco cuando vengas. O trae lo que cocines para ti: *laushak chacchaḍi* (una típica mezcla de verduras bengalí), *alu-begun-boḍi diye shojne khaḍar tarkari* (un plato vegetal con patatas, berenjena y *drum-stick*, el fruto del árbol *moringa*) ¡Me encantan las cosas que preparas!

—¿Qué clase de *sādhu* (santo) es este? ¡Solo habla de comida! Soy una mujer pobre. ¿Cómo voy a encontrar todos esos productos? No volveré a venir por aquí — pensó Gōpāler Mā.

Pero volvió porque se sentía tremendamente atraída por el maestro y no pudo mantenerse alejada de Él. Pronto se dio cuenta de que *Śrī Rāmakṛṣṇa* estaba usando la comida solo como un pretexto para acercarla a Él, permitiéndole así saborear la dicha divina.

Del mismo modo, comiendo la fruta del ñāval Amma me había bendecido con el delicioso placer de la dulce nostalgia. Las acciones de un mahātmā desafían la comprensión convencional.

Sobre esto, vale la pena contar la historia del *Mahābhārata* del modo en que el Señor Kṛṣṇa salvó a Draupadi de las terribles consecuencias de haber provocado la ira del sabio Durvāsa: Los Pāṇḍavas pasaron varios años en el bosque durante su exilio. Un día, el sabio Durvāsa y su séquito de seguidores fueron a ver a los Pāṇḍavas, justo cuando estos acababan de almorzar. Muy a pesar de Draupadi, no quedaba nada de comida y el protocolo exigía que los invitados recibieran un buen almuerzo. Mientras se preguntaba qué podía hacer, Durvāsa dijo que él y sus discípulos se iban a refrescar dándose un baño en un río cercano y después comerían. En cuanto se marcharon, Draupadi rezó fervientemente. No podía arriesgarse a provocar la ira del sabio, conocido por su fuerte temperamento, que no dudaría en lanzar una maldición si se le provocaba.

El Señor Kṛṣṇa apareció en la cabaña en respuesta a sus plegarias. Draupadi, al verlo, le confió su problema. Cuando hubo terminado de contarle sus penas, Kṛṣṇa, el omnisciente, le dijo que mirara una vez más en el recipiente de la comida para ver si quedaba algo. Cuando lo hizo, vio que había un pedacito de hoja de *cīra* (amaranto) pegada al fondo del recipiente. Cuando, sintiéndose insegura, se lo llevó a Kṛṣṇa, el Señor lo tomó, se lo comió y expresó una satisfacción inmensa. Y después se marchó, dejando a Pāñcālī (otro nombre de Draupadi) desconcertada.

Mientras tanto, Durvāsa y sus discípulos se sintieron extrañamente saciados; se marcharon discretamente después del baño y no volvieron donde se encontraban los Pāṇḍavas.

Cuando Dios está satisfecho (aunque sea con un humilde trozo de hoja), todos los seres vivos están saciados, porque Él es uno con la creación. ¿Cómo podemos esperar entender a Dios o al guru con nuestros insignificantes intelectos?

Para citar nuevamente a Amma: «En la era actual las mentes humanas están secas. El exceso de razonamiento ha perjudicado la mente contemporánea. Las personas utilizan el intelecto para todo. Han perdido el corazón y la fe».

Vale la pena pararse a reflexionar sobre este conciso comentario sobre la vida contemporánea. Internet y la fijación de los medios de comunicación en los aspectos superficiales de la vida han generado un exceso de información; pero, por desgracia, carecemos de un nivel de conciencia adecuado. A pesar de nuestra complejidad intelectual, lamentablemente permanecemos ignorantes sobre nuestro Ser. ¿Para qué sirve el conocimiento mundano sin sabiduría espiritual? Podemos haber ganado en prosperidad material, pero, ¿a costa de qué? A costa de los tesoros incomparables de la alegría y la satisfacción, que son nuestra verdadera riqueza. Preferimos la emoción que ofrece la extroversión a los incomparables tesoros que produce la introversión. El amor brilla por su ausencia, y las tendencias negativas como la avaricia, el odio y el miedo están causando estragos en el mundo. Parece que la raza humana se esté acercando a la autodestrucción, a menos que vuelva a descubrir la importancia del amor y el altruismo.

Amma dice: «La belleza del amor está en el corazón. La belleza se halla en la fe, y la fe en el corazón. El intelecto o el razonamiento son necesarios, pero no hay que dejar que anulen nuestra fe. No hay que permitir que el intelecto seque nuestro corazón».

Como un luminoso diente de león amarillo que crece entre grises adoquines, la vida de Amma es sorprendentemente hermosa por su refrescante diferencia con el desenfrenado egoísmo del mundo actual. Cada una de sus palabras y sus acciones están llenas de sacrificio desinteresado, amor y compasión, y su dedicación a amar y servir a los demás es incondicional. ¿Cómo un ser tan excepcional llegó a habitar en nuestro mundo? ¿Cómo ha sembrado ese diente de león divino el despertar espiritual de millones? ¿Cuál es el secreto de su santidad?

El escritor mencionado anteriormente tuvo dificultades para expresar adecuadamente la sublime gloria de Amma después de conocerla. En cuanto a mí, después de pasar más de tres décadas y media con Ella aún me siento incompetente para describir a Amma. Me atrevo a decir que nadie será capaz de explicar quién o qué es Amma, por mucho tiempo que permanezca en su presencia física, porque el elemento en que se mueve Amma no es el físico sino el espiritual.

En la *Kēnōpaniṣad*, ni siquiera los dioses Agni, Vāyu e Indra pudieron comprender al ser divino que se les apareció, pero que permanecía tentadoramente inalcanzable. La Diosa Umā, apiadándose de ellos, se presentó cuando despareció esa luz divina y les explicó que la venerable presencia había sido la de *Brahman*, el Ser Supremo. Se había manifestado para ayudar a los dioses a entender que su poder pertenecía a *Brahman*, no a ellos, y que el poder era *Brahman*. El hecho de que no hubieran sido capaces de comprender la Luz era en sí misma una enseñanza: que Dios no es algo que se pueda aprehender, pero es eso por el cual todo es aprehendido.

A Dios no se lo puede explicar, pero el propio Dios es el poder por el que lo experimentamos. La mente no puede pensar en Dios, que capacita la mente para pensar. El ojo no lo puede ver, ya que es el poder por el cual el ojo ve. Dios no es lo que oímos, sino el poder por el que oímos. En otras palabras: los sentidos o el intelecto no pueden comprender la conciencia divina. Igual que necesitamos un espejo para ver nuestra propia cara, los aspirantes espirituales necesitan un guru para ayudarles a contemplar la Verdad.

La Diosa Umā era el rostro humano del Ser Supremo, que adoptó el papel de guru ante los dioses. En nuestros días, Amma se ha encarnado para guiarnos por el camino de la Verdad. Un verdadero maestro no solo es humilde sino que enseña humildad, volviéndonos conscientes de nuestra ignorancia. Como un rayo de sol en una habitación oscura, las palabras del maestro penetran hasta en los recovecos más profundos de nuestra ignorancia. En 1993, vestida con un simple sari blanco, Amma se dirigió al Parlamento Mundial de Religiones. Su tema era el amor universal. Allí, subrayando la unidad esencial de todos los seres, recitó el mantra por la paz mundial: *Lokāḥ samastāḥ sukhinō bhavantu* (Que todos los seres de todos los lugares sean felices). Sus palabras resonaron con el espíritu de la amistad. Amma sigue conquistando corazones con su sencillez conciliadora y su amor universal. Y así, la luz sagrada del *sanātana dharma*, el patrimonio espiritual de la India, sigue atrayéndonos, recordándonos nuestra meta y nuestro destino final:

descubrir nuestra unidad interior con el Ser[1] que brilla en todos como Dios.

Amma es el Sol con luz propia que brilla en el espléndido firmamento de los gurus. Es una lluvia celestial refrescante y purificadora que ha venido para extinguir el fuego abrasador del dolor humano. Solo con ver a Amma, las penas se desvanecen como la niebla y las personas se animan con fe y optimismo vigorizantes. Todos los sabios del pasado eran grandes genios y vēdāntin prácticos. Amma es un comentario viviente del vēdānta práctico. Si meditamos en sus palabras y sus acciones a la luz de las enseñanzas sagradas, nos asombraremos de la profundidad de su sabiduría. Son como un comentario de las sagradas escrituras; de hecho, son las escrituras.

«Si observáis cuidadosamente cada una de mis acciones, no necesitaréis estudiar ninguna escritura», dice Amma. Verdaderamente, podemos aprender todo simplemente observando de cerca esta encarnación viva del vēdānta. Lo que he observado en las acciones de Amma es la perfección. Ella vive en cada momento, observándolo todo. Trabaja incesantemente y, sin embargo, permanece desapegada de todo. Y habla desde el corazón.

---

[1] El término sáncrito "atman", que significa "uno mismo", se traduce muy bien al inglés como "self". Desgraciadamente, en español no tenemos una palabra tan adecuada para traducirlo: a veces se traduce como "yo", otras como "sí mismo", otras como "ser". En los libros de Amma hemos optado de momento por traducirlo como "Ser". (N.de los T.)

Swāmi Rāma Tīrtha, el maestro más notable del vēdānta que predicó en Occidente después de Swāmi Vivēkānanda, habló de dos clases de sonidos: el alfabético y el basado en la entonación. El sonido alfabético (por ejemplo, el lenguaje) tiene un significado en círculos limitados, mientras que el sonido basado en la entonación (por ejemplo, la música) tiene un atractivo mucho más profundo y universal. El atractivo de Amma es como el del sonido basado en la entonación, lo que explica su influencia sobre personas de todos los rincones del mundo, que intuyen que puede comprender los corazones de todos, independientemente del idioma que hablen.

Se decía de Orfeo que su canto detenía el fluir de los arroyos y el correr de los riachuelos. Hasta los animales se paraban en sus caminos. Un león se detenía junto a una vaca, una oveja junto a un lobo; la enemistad natural se suspendía por la magia de la música de Orfeo.

El hechizo que Amma proyecta sobre la humanidad es parecido. Atrae a todos los seres hacia su pecho. ¿Cómo se puede explicar? ¿Por qué explicarlo? Lo único que importa es la elevación y la dicha innegables que experimentamos.

Capítulo 2
«¿Enga? ¿Enga?»

A diferencia de otros bebés, Amma no lloró al nacer. No fue así por ninguna anomalía congénita o disfunción de las cuerdas vocales. Por el contrario, su silencio indicaba una paz interior innata en Ella y reflejaba una armonía sagrada entre Ella y el mundo. Ōṭṭūr Uṇṇi Nambūtirippāṭ, el compositor del *Aṣṭōttaram* (108 atributos) de Amma, rindió homenaje a ese nacimiento espectacular:

> *ōm niśśabda-jananīgarbha nirgamādbhuta karmaṇē namaḥ*
>
> Postraciones ante Amma, que realizó el milagro de salir silenciosamente del vientre de su madre. (24)

Los padres de Amma observaron que la atmosfera estaba completamente silenciosa y en paz cuando nació. Ella no solo estaba en silencio, sino que además estaba sonriendo, con una sonrisa rebosante de paz. Esa sonrisa silenciosa era, en realidad, el mensaje clamoroso de Amma al mundo: «Silenciad la mente y llegad a la dicha del Ser Supremo».

Lo primero que hace un bebé al salir del vientre de su madre es llorar. Amma dice que parece que pregunta: «¿Enga? ¿Enga?». «¿Dónde estoy? ¿Quién soy? ¿De dónde vengo?» Ignorante de su paradero espiritual y totalmente indefenso, solo puede quejarse. Por el contrario, el conocimiento de la verdad suprema nos hace sonreír, como hizo Amma. Hace unos cinco mil años, Kṛṣṇa también sonrió al nacer, a pesar de nacer en la celda de una prisión. En ese mismo momento transmitió su mensaje eterno: «Sigue sonriendo en medio de todas las penas».

El silencio es el sello distintivo de la sabiduría. Es la joya que adorna al sabio. La estampa de un joven maestro sentado bajo un baniano y rodeado de discípulos ancianos se ha convertido en un arquetipo imaginario hindú. El maestro está callado. En su elocuencia mística se disipan las dudas de los discípulos. El joven maestro es Dakṣiṇāmūrti, considerado como el *Ādi-Guru*, el primer guru, y sus discípulos son sabios venerables.

En la historia reciente, Śrī Ramaṇa Maharṣi eligió esa forma de enseñanza. La mayor parte de las veces su *upadēśa* (enseñanza) fue en forma de *mauna* (silencio). Muchos devotos han dejado constancia de que sus dudas y problemas se *disolvían* cuando pasaban tiempo en su presencia. El silencio de un verdadero maestro espiritual no es una ausencia, sino una poderosa presencia.

Para ilustrarlo, Ramaṇa Maharṣi narra la historia de Tattuvarāya, que como homenaje a su guru, Swāmi Svarūpānanda, compuso un *bharaṇi* (una clase de poema que honra a los héroes militares), e invitó a los eruditos a valorarlo. Cuando oyeron el poema, los expertos señalaron que la forma del poema no era la adecuada para glorificar a un mahātmā; más bien tradicionalmente se empleaba para rendir homenaje a un guerrero excepcional, uno que pudiera matar mil elefantes por sí solo.

Cuando Tattuvarāya lo oyó, dijo:

—Llevemos este asunto a mi guru.

Fueron a ver a Swāmi Svarūpānanda y, cuando Tattuvarāya le hubo explicado por qué habían ido, todos se sentaron y esperaron el veredicto del guru. El maestro no dijo nada. Pronto quedaron absortos en el profundo silencio que impregnaba el aire. La actividad mental de todos se suspendió y a ninguno de los eruditos se le ocurrió presionar al venerable sabio para que diera una respuesta. El día entero pasó de ese modo; el día siguiente, igual. Después de tres o cuatro días de quietud, el guru hizo que su mente se moviera un poco. En cuanto lo hubo hecho, los eruditos volvieron a pensar. Cuando se dieron cuenta de lo que había sucedido, colmaron al guru de alabanzas.

—Vencer a mil elefantes no es nada comparado con vencer a los elefantes en celo de tantos egos juntos. Solo un guru tiene el poder necesario para hacerlo. Swāmi Svarūpānanda indudablemente merece un bharaṇi —confesó uno de ellos.

El silencio no es solo la enseñanza más elevada; también es la forma más elevada de gracia. Amma ha señalado reiteradamente que la gracia divina fluye hacia todos incondicionalmente; sin embargo, mediante el pensamiento, la palabra o la acción podemos crear obstáculos a ese flujo. Del mismo modo, el silencio es una corriente continua de lenguaje interrumpido por el habla. El habla sigue al pensamiento, que va precedido por el ego. El ego, a su vez, nace del concepto erróneo de la identidad individual, por el cual experimentamos un universo de diversidad. Antes de que surgiera esa ilusión de nombres y formas solo había silencio. Las sublimes upaniṣad emergieron del vientre de ese silencio puro. Por tanto, el silencio es la fuente original de la que brotan todas las palabras. Si creemos que las palabras pueden ejercer un impacto sobre los demás, debemos reflexionar sobre cuánto más potente es el silencio.

En la actualidad estamos vagando por las tierra bajas de las palabras. Para llegar a la cumbre de la Verdad no basta con la mera agilidad mental o física. Hay que suprimir completamente la charla interna para recuperar el silencio inmaculado del alma.

Amma ha señalado que el habla ha contaminado todo lo que hay en el mundo, es decir, todo excepto la Verdad. Según las escrituras, el Ser Supremo es «*yadvācā'nabhyuditam yēna vāgabhyudyatē*», «aquello que no se puede expresar en palabras, pero por lo cual las palabras son expresadas» (*Kēnōpaniṣad*, 1.5). El silencio de Amma al nacer era una indicación de la verdad suprema.

Normalmente, durante una celebración hay mucho ruido, pero en el momento en el que se empieza a comer reina el silencio. Eso es una señal de autentico disfrute. El silencio interior también es el sello distintivo del trabajo creativo, sea escribir poesía, pintar o cantar.

Las personas con verdadera experiencia no se enredan en charlas inútiles. Es fácil detectar a los inexpertos: son como el proverbial recipiente vacío, que es el más ruidoso. Su lengua se mueve constantemente, solo descansa cuando duerme. El que habla de manera simplista sobre asuntos espirituales puede embaucar a otros para que piensen que él o ella son eruditos y espiritualmente superiores... como si la elocuencia verbal fuera la prueba de nuestra elevación espiritual.

Por el contrario, un *jñānī* (conocedor de la Verdad) permanece en silencio. Nadie ha oído nunca a Amma describir el alma o sus cualidades de ninguna manera. Si alguien le pidiera a Amma esa descripción, ella tendría que hacer como el Buda: sentarse a meditar en silencio con los ojos cerrados. Esa también sería una respuesta a la pregunta.

Una vez, un filósofo muy conocido, que tenía cientos de alumnos, fue a ver a Gautama Buda y le preguntó:

—¿Podrías decir algo sobre lo Último, sobre la Verdad Suprema?

Buda lo miró en silencio un largo rato y después cerró los ojos. El filósofo lo observó detenidamente. Después se inclinó, le dio las gracias y le dijo:

—Por tu afectuosa bondad, mi engaño se ha disipado y he entrado en el camino verdadero.

Uno de los discípulos de Buda, Ānanda, había estado observando el encuentro. Incapaz de entender lo que había pasado, le preguntó a Buda:

—¿Qué hiciste? Si le hubieras respondido, tanto él como todos sus discípulos se habrían convertido en seguidores tuyos.

Buda sonrió y dijo:

—Un buen caballo corre incluso cuando ve la sombra de un látigo.

Ānanda se sorprendió mucho cuando al día siguiente el filósofo y todos sus discípulos volvieron y tomaron refugio en Buda.

La críptica respuesta de Buda es significativa. Un caballo bien entrenado está tan atento y alerta que la sola percepción de la sombra del látigo hace que casi vuele. Al comparar al filósofo con «un buen caballo», Buda decía que estaba plenamente receptivo para aprender la Verdad. Buda omnisciente debió de percibir en el filósofo una combinación de fe, humildad y esperanza; en otras palabras, percibió una preparación espiritual interior que le aportaba la madurez necesaria para recibir el aprendizaje. ¿Y cuál era la enseñanza? El silencio. Buda sabía que en el momento en que la verdad se expresa en palabras, se vicia y, por eso, eligió permanecer en silencio. Curiosamente, Buda también era conocido como «Śākyamuni», el silencioso del clan de los Śākya.

En el ambiente religioso de la época de Buda había dos enfoques distintos para buscar la Verdad: 1) las indagaciones filosóficas, las discusiones metafísicas y los debates y 2) el retiro y el silencio. Los dos caminos son como líneas paralelas que nunca convergen.

El hecho de que el filósofo, que hasta entonces recorría el camino de la indagación racional y el análisis metafísico, hubiera buscado la Verdad en un partidario del silencio sublime y la hubiera asimilado, atestigua las limitaciones de la razón y la lógica. Según la propia confesión del filósofo, Buda era «el verdadero camino».

Buda sabía que la Verdad no se podía explicar, solo experimentar. Sin embargo, se podía compartir con alguien que hubiera comprendido la inutilidad tanto del lenguaje como de los conceptos para transmitir la verdad.

Para Buda, el silencio era la cara exterior de su *sākṣi bhāva* interior, la actitud de testigo. Su primo, Dēvadatta, intentó hacerle daño y matarlo de muchas maneras. En una ocasión, envió un elefante loco para que aplastara a Buda. Pero, al ver al sabio, el elefante se quedó de repente parado y cerró los ojos, como en meditación. Cuando sus discípulos le preguntaron por qué no castigaba a su primo, Buda dijo:

—Debo de haberle hecho daño de alguna manera en una vida anterior. Si reacciono ahora, solo acumularé más karma, mientras que si permanezco como un testigo puedo romper la cadena del karma.

Actualmente, nuestra mente es un confuso caos de pensamientos y recuerdos, palabras e imágenes. La religión tiene como objetivo hacer que la mente se calme y se concentre, como un estanque limpio de agua pura. Una vez, Amma me dijo:

—Hijo, hay que empezar a practicar la quietud en el nivel físico. Hay que intentar ver cuánto tiempo podemos mantener quieto el cuerpo. Cuando no se es capaz de hacer mantra *japa* (recitación constante), hay que intentar concentrarse en la respiración. La concentración también se puede practicar mirando un espacio abierto o cualquier punto determinado. Intentad practicar la meditación con los ojos cerrados y con los ojos abiertos.

Siempre hay que practicar la concentración de una u otra forma. Aunque hay varios modos, el objetivo es la quietud o el silencio de la mente. Actualmente, la mente solo se aquieta temporalmente durante el sueño profundo; entonces nos olvidamos de todo el universo. El recuerdo del mundo provoca dolor y su olvido conduce a la felicidad.

La *Muṇḍakōpaniṣad* señala el camino hacia el silencio y la quietud interior: «El *praṇava* mantra ("Om") es el arco, el Ser interior, la flecha y Brahman, el blanco. El blanco tiene que alcanzarlo un hombre certero e, igual que la flecha, llegar a ser uno con El» (2.2.4).

Quienes han intentado meditar saben que no es lo más fácil que hay. La mayor parte de las mentes son extrovertidas. Cuando Arjuna se queja al Señor de que controlar la mente es parecido a controlar el viento, Kṛṣṇa compasivamente le revela los dos secretos que existen para llegar al dominio de la mente: *abhyāsa* (práctica constante) y *vairāgya* (desapego) (*Bhagavad Gītā*, 6.35). El orden de los términos es significativo. La práctica va primero. Es inútil esperar que se dé la cosecha del desapego cuando no hemos sembrado las semillas de la práctica constante. No hay atajos para el desapego.

Había una vez un mahātmā que tenía muchos devotos y discípulos. A un sacerdote que vivía cerca no le gustaba ese mahātmā y tenía envidia de su popularidad. Un día, cuando el mahātmā les estaba dando una charla a sus seguidores, el sacerdote se le acercó y le dijo:

—Oh, supuesto mahātmā, no confío en ti, así que no estoy dispuesto a obedecerte. Tus supuestos discípulos y devotos pueden obedecerte, pero yo no lo voy a hacer. ¿Crees que eres una gran alma? Yo no lo creo en absoluto. Si de verdad lo eres, haz que te obedezca.

El mahatma guardó silencio y se limitó a permanecer sentado mirando al sacerdote. Al cabo de dos o tres minutos, llamó al sacerdote:

—Por favor, ven aquí.

Cuando el sacerdote se acercó al mahātmā, se quedó de pie a la izquierda del sabio, que le dijo:

—El lado izquierdo es para mis discípulos y devotos. Por favor, ¿podrías ponerte a la derecha?

Y el sacerdote hizo lo que se le había dicho.

—Mira —dijo el mahātmā—: cuando te dije que vinieras, viniste; y cuando te dije que te pusieras a la derecha en lugar de a la izquierda, obedeciste.

Así de grande es el poder y el carisma innegable de un alma iluminada. Amma dice que todos tenemos ese potencial. Lo único que hay que hacer es desarrollarlo.

Una vez, alguien le preguntó a Amma:

—¿Qué es el vēdānta?

—El vēdānta es una gran sonrisa, querido hijo —le contestó Amma con una sonrisa.

Vēdānta significa literalmente «final (cima) del conocimiento». La sabiduría comienza donde termina el conocimiento. Cuando se despierta la sabiduría, uno se vuelve naturalmente silencioso y sonríe en la omnisciencia.

«El vēdānta es una gran sonrisa». Si lo pensamos bien, entenderemos lo que quiere decir Amma. También nosotros podemos sonreír siempre si no estamos apegados a nada y vivimos en un estado completamente carente de deseos. Amma, que siempre está en sākṣi bhāva, percibe y experimenta la Verdad en todas partes. Por eso, a diferencia del resto de nosotros, no lloró al nacer. Si llora, es por los que están sufriendo, expresando así su infinita compasión. Como un espejo que refleja una imagen, recibe a todos y les refleja su mente sin verse afectada en modo alguno. Cuando muchos de sus hijos lloran a lágrima viva, Amma los consuela, diciéndoles:

—Hijos, no lloréis. Al contrario, sonreíd y reíros.

Aunque la terapia de la risa está de moda actualmente, solo una gran guru como Amma, que nació con la dulce sonrisa del Autoconocimiento, nos puede guiar hacia la sonrisa interior y la risa del verdadero Ser.

Para nosotros, a menudo el mundo es una realidad dolorosa. Por eso nos cuesta reír de todo corazón, aunque tengamos la dentadura completa. Las sonrisas de algunos son tan artificiales que nos sentimos en presencia del Conde Drácula.

Pero hay otros que tienen una sonrisa estratégica. Muestran una sonrisa tan cursi como la del Gato de Cheshire, creyendo que es un recurso útil que les dará entrada al círculo íntimo de los grandes. Como Edward Gibbon observó oportunamente en *La historia de la decadencia y la caída del Imperio Romano*: «Los acompañantes habituales y familiarizados con los grandes son los parásitos que practican la más útil de todas las artes: el arte de la adulación; que aplauden con entusiasmo cada palabra y cada acción de su patrón inmortal. Miran con éxtasis sus columnas de mármol y el pavimento multicolor, y elogian enérgicamente la pompa y la elegancia que se les ha enseñado a considerar como parte de su patrimonio personal».

En cambio, tras la sonrisa de Amma no hay intenciones ocultas. Es natural, espontánea, encantadora y dulce. Amma dice que la vida no es un valle de lágrimas. «La vida es para reírse y hacer reír a los demás. ¡Reíros de corazón, hijos míos!». Y repite ese mensaje donde quiera que vaya, en *satsangs* (discursos espirituales) y entrevistas, al dirigirse a las Naciones Unidas o a un pequeño grupo de discípulos y devotos.

El abrazo de Amma es otra manifestación del amor y el disfrute exultante de la vida que hay detrás de su sonrisa. Su abrazo infunde esperanza a los desesperados y los desamparados y su contagioso destello enciende una sonrisa de dicha en sus corazones. Al igual que el Señor Kṛṣṇa, Amma tiene en los labios una sonrisa imborrable. Es una constante entre las variables de su vida, así como una indicación de su experiencia interior de plena satisfacción.

La reflexión de Amma sobre Śrī Kṛṣṇa nos permite vislumbrar el mundo interior que hay detrás de la sonrisa externa, tanto de Él como de Ella: «El Señor Kṛṣṇa fue la personificación misma de la dicha. La fuente de su bienaventuranza era el desapego. Cumplió sus deberes como un testigo, sin apegarse a nada. Por eso, era capaz de pasar de una circunstancia a otra con una sonrisa, con tanta facilidad como si fuera de una habitación a otra».

Como dice Amma, la felicidad es una decisión. Podemos elegir entre estar felices y estar malhumorados. Una vez, un joven completamente deprimido y decepcionado acudió a un médico.

—Doctor, no me encuentro nada bien, ni física ni mentalmente —dijo el joven.

El médico lo examinó bien de pies a cabeza y después le dijo que no podía encontrar nada que estuviera mal. No obstante, le dio algunos consejos:

—Escucha, el problema es que te has olvidado de reír. La única medicina que necesitas es la risa. Hay un humorista buenísimo en la ciudad. Su nombre es Grimaldi. Ve a ver su espectáculo e intenta reírte con ganas. Eso bastará de momento.

—Doctor, yo soy Grimaldi —respondió el joven.

De alguna manera, en el fondo todos somos Grimaldis. Nacimos llorando. Amma bromea diciendo que lloramos al nacer porque desconocemos nuestra propia naturaleza, pero que debemos esforzarnos por dejar el cuerpo con una sonrisa. Sin embargo, solo unos pocos pueden burlarse de la muerte. Según Amma, «el Señor Kṛṣṇa era una de esas personas. En cada circunstancia de la vida, su mensaje era "ecuanimidad, abstinencia y felicidad". Por eso podía seguir sonriendo hasta en el campo de batalla».

Los antiguos sabios y escrituras enseñan el acto supremo de morir con una sonrisa, con una sensación de plenitud. La *Avadhūtōpaniṣad* habla del estado mental de los liberados: «Soy bendito, bendito, porque experimento directamente el Ātman en todo momento» (30).

Si anhelamos ese estado de beatitud, debemos realizar *sādhana* (prácticas espirituales). Amma ha despejado para nosotros el camino que lleva a la iluminación espiritual mediante la práctica y el precepto. Ella nació para elevarnos de la existencia terrenal intrascendente a la vida sublime de la divinidad. Ese ha sido el objetivo de todas las encarnaciones divinas y mahātmās. La vida es un breve interludio entre *ja y ma*, es decir, entre *jananam* (el nacimiento) y *maraṇam* (la muerte), y por eso la vida se llama «*janma*», indicando la «n» su naturaleza temporal. Aunque la vida pueda ser solo un momento fugaz, durante ese lapso estamos llamados a conocer la Verdad o a Dios. Vivir una vida espiritual nos ayuda a superar la muerte o el miedo a la muerte.

Capítulo 3

«¿Dónde pusiste el paraguas?»

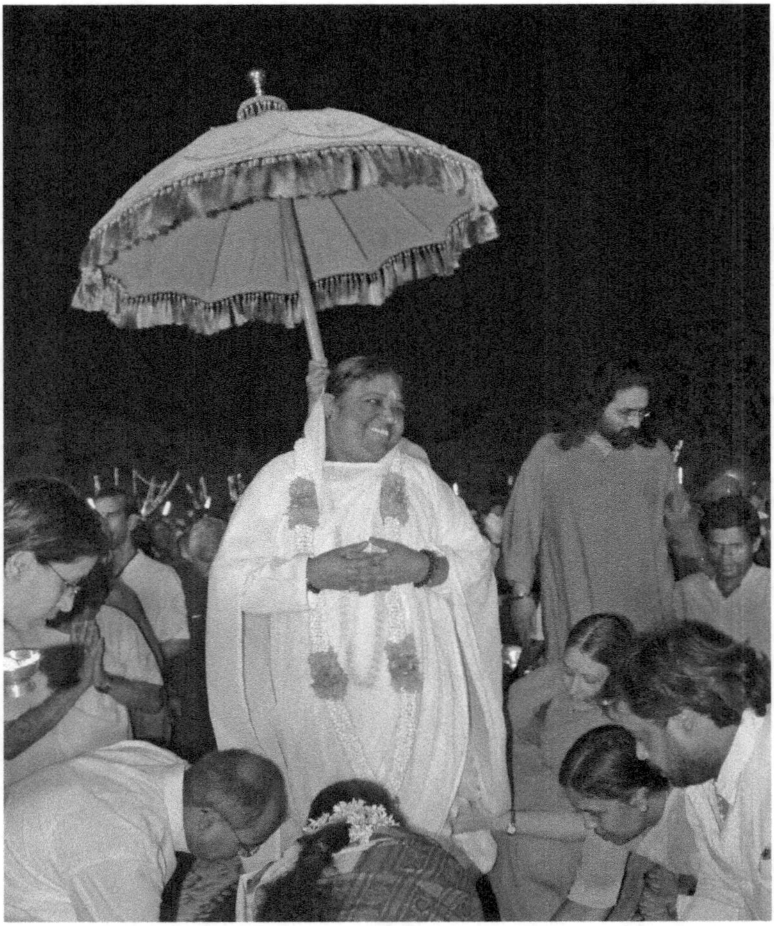

En una ocasión le preguntaron a Buda:

—¿Quién es la persona más sagrada?

—Cada hora está dividida en minutos, cada minuto en segundos y cada segundo en momentos. El que vive realmente en cada uno de los momentos es la persona más sagrada del mundo —respondió.

La mayoría de nosotros probablemente no equipararía la santidad con una presencia mental plena y, sin embargo, si pensamos en ello, las personas más sagradas que conocemos son las que tienen una presencia más desbordante. Los que han visto y conocido a Amma pueden dar fe de ello.

Vivir en el momento presente parece lo más fácil que se puede hacer, y, sin embargo, es evidentemente la única capacidad que le falta a la mayor parte de las personas. La mayoría de nosotros estamos viviendo en el pasado muerto o soñando con un futuro por nacer. Al centrarnos plenamente en el momento presente podemos vivir *intensamente*, es decir, sin la interferencia de ningún tiempo (pasado, futuro o presente), porque el portal de la intemporalidad está en el presente. De hecho, eso es lo que es la verdadera meditación: la unidad con el puro Ser, sin tiempo ni espacio.

Muchos niños dicen: «No me puedo concentrar», «Mi hijo es bueno en esto o en lo otro, pero no puede concentrarse en los estudios», del mismo modo, se quejan, muchos padres de sus hijos.

Por un lado, no hay nada de sorprendente en ello. Con tantas distracciones —la televisión, los videojuegos, el ordenador, las fiestas, los estudios, los deportes, etc.—, ¿cómo puede la mente enfocarse en una cosa? Por otro lado, ¡cuán concentrados estamos cuando vemos películas, hablamos mal de otros o expresamos ira! Y, sin embargo, cuando intentamos meditar, hacer japa o estudiar, la mente se distrae con demasiada facilidad. ¿Por qué? Porque nos falta el interés o el amor por la materia. Donde hay interés nada es imposible. Creemos que necesitamos un apoyo artificial que nos ayude a concentrarnos, cuando lo único que hace falta es esfuerzo sincero y práctica constante. La mente necesita ordenar los pensamientos dispersos y concentrarse en una sola cosa siempre que sea necesario, y puede entrenarse para ello. Las prácticas espirituales proporcionan ese entrenamiento a los buscadores. Amma dice que la religión no es nada más que practicar la concentración en absolutamente todos los momentos. Si no prestamos atención a todas las acciones, incluso a las que parecen insignificantes, nunca conseguiremos concentración, por muchos años que practiquemos la meditación.

Una vez, una mujer que se estaba preparando para ir al mercado le pidió a su marido que vigilara la olla con leche que estaba sobre al fuego. Cuando regresó, vio la leche derramada por toda la cocina. Enfurecida, le preguntó a su marido por qué no había hecho caso de sus indicaciones.

—¿Qué quieres decir? —respondió el desconcertado esposo— Vigilé la leche y se derramó a las diez en punto.

Oímos, pero no escuchamos; miramos, pero no vemos; tocamos, pero no sentimos; y pensamos, pero no entendemos.

Hay una historia sobre un maestro zen, Nanin, y su discípulo, Tenno. Este vivió muchos años con el maestro, sometiéndose a un intenso entrenamiento espiritual. Luego Nanin mandó a Tenno a impartir orientación espiritual a los demás. Después de estar fuera un tiempo, Tenno regresó un día para ver al maestro. Estaba lloviendo y llevaba paraguas. Al llegar al monasterio, Tenno se quitó las sandalias y las dejó, junto al paraguas, al lado de la puerta de la habitación del maestro. Luego entró y se postró ante Nanin. Después de intercambiar cumplidos, Nanin dijo:

—Tenno, déjame preguntarte una cosa: ¿Dónde has dejado el paraguas? ¿A a la izquierda o la derecha de las sandalias?

Tenno se quedó sin palabras. La verdad era que no había prestado atención a cómo había dejado las sandalias y el paraguas. En lugar de centrarse en la tarea que tenía entre manos, tenía la mente en otra parte. Nanin, al darse cuenta de la falta de atención de Tenno, le ordenó que pasara otros cuantos años de entrenamiento con él.

También hay relatos sobre el dominio absoluto de la propia mente. Uno de ellos es la famosa historia de la vida de Ādi Śankarācārya, una de las mayores celebridades espirituales de la India. A pesar de que solo vivió unos treinta y dos años, esos años estuvieron marcados por tal esplendor que su vida sigue brillando hasta nuestros días. Solo podemos quedarnos mirando atónitos al pensar en los logros formidables de ese santo. Śankara no solo era un *jñānī* (conocedor de la Verdad) y un *bhakta* (devoto) sino también un poeta maravilloso, un pensador entusiasta y un filósofo de un nivel muy elevado. Viajó varias veces por toda la India, hablando con la gente, consolándola y fundando varios *pīṭhams* (asientos de saber). Es increíble que lograra todo eso hace más de mil doscientos años, cuando el mundo estaba mucho menos desarrollado, con menos servicios educativos y de transporte.

En uno de sus viajes, Śrī Śankara conoció a Śaktibhadra, un gran erudito de Kēraḷa y autor de *Āścarya Cūḍāmaṇi,* una obra en sānskṛtam basada en la historia de cuando Śrī Rāma le envió su anillo grabado a Sītā por medio de Hanumān. Śaktibhadra quería que Śankara revisara la obra e hiciera una valoración. Śankara leyó todo el trabajo y después lo devolvió sin decir ni una palabra. Śaktibhadra no sabía que en esos momentos Śrī Śankara estaba haciendo voto de silencio, por lo que devolvió el manuscrito sin hacer ningún comentario. Śaktibhadra, pensando que Śankara no estaba impresionado con su trabajo, lo quemó por completo en cuanto aquel se hubo marchado.

Al cabo de unos meses, Śankara regresó a casa de Śaktibhadra y le preguntó por el manuscrito del *Āścarya Cūḍāmaṇi.* Śaktibhadra se quedó sin palabras. Le contó a Śankara lo que había sucedido, que había quemado el manuscrito pensando que el maestro estaba disgustado. Śankara le preguntó:

—¿Puedes volver a escribir el trabajo de memoria?

—No puedo, ni aunque lo intente muchas veces —dijo, Śaktibhadra con impotencia.

Śrī Śankara le dijo que trajera unas hojas de palma y un estilo. Cuando Śaktibhadra los trajo, Śankara empezó a dictarle todo el trabajo sin saltarse ni una coma. Había leído el trabajo con tal concentración que todo el contenido se le había grabado indeleblemente en la memoria.

Podemos pensar que eso no es posible para la gente corriente, como nosotros, pero para el que lo intenta sinceramente nada es imposible. Podemos no estar en el mismo nivel sublime que Śankara o Amma, que son *yuga gurus*, maestros de la era; sin embargo, debemos preguntarnos cómo son posibles esas hazañas para ellos. La mente de las almas liberadas está completamente enfocada. Son «hojas en blanco», puras y liberadas de cualquier clase de esclavitud, sin duda alguna. Por eso, pueden centrarse exclusivamente en un objetivo.

Hace mucho tiempo, en la India había un erudito puro y espiritualmente elevado que se sabía todos los Vēdas de memoria. Cuando el rey Alejandro invadió la India quería confiscar todos los Vēdas, porque su preceptor, que conocía su valor incalculable, le había pedido a Alejandro que se los llevara. El erudito, que era intuitivamente consciente de las intenciones del rey, le enseñó de memoria uno de los cuatro Vēdas a cada uno de sus cuatro hijos en ese periodo de tiempo, y después quemó las hojas impresas con las escrituras, porque sabía que Alejandro no era digno del conocimiento sagrado. En la antigüedad, el conocimiento se trasmitía principalmente de manera oral de generación en generación y se grababa en las tablas de la memoria de las personas. Así de grande era antiguamente la capacidad de retentiva.

La memoria de Amma también es fenomenal. Los que han cantado con Ella saben que Amma solo necesita oír una canción una vez para poderla repetir perfectamente de nuevo, incluso años más tarde. Podríamos pensar que lo que tiene Amma no es memoria en el sentido convencional. No es como un disco duro con una capacidad enorme, pero limitada. Como Amma no se identifica con un cuerpo finito sino con la conciencia que llena el cosmos, su «memoria» es más como una amplia pantalla panorámica en la que se pueden proyectar innumerables imágenes y palabras sin que afecten para nada a la calidad de la pantalla. ¿Cómo es capaz de recordar todas esas imágenes o palabras tan fácilmente? Por su pureza. El amor puro fluye incesantemente desde un corazón puro. El amor es el mejor dispositivo mnemotécnico. Amma habla de cómo un amante siempre piensa en la forma de su amada, no porque se haya entrenado en la meditación sino por el absorbente amor que siente por ella. Amma encuentra todo interesante. Está tan llena de amor que se entrega a cada encuentro con el máximo amor y concentración; de ahí su capacidad de evocación completa y perfecta.

La memoria de Amma también es más que una simple hazaña cerebral. Está estrechamente relacionada con sus cualidades de lealtad y gratitud. En los primeros tiempos del āśram, a veces visitaba a devotos pobres, muchos de los cuales vivían en pequeñas cabañas. Arreglaban parte de la cabaña para que Amma se quedara, y los brahmacārīs que la acompañaban pasaban la noche fuera, bajo el cielo estrellado. Amma no ha olvidado nunca la hospitalidad que le mostraron esos devotos. A veces, cuando están de visita, Amma los abraza con fuerza y ellos le devuelven el calor de su abrazo abrazándole fuertemente a Ella. Los ayudantes bienintencionados que están al lado de Amma quizá intenten separarles los brazos, y entonces Amma los reprende, diciéndoles:

—¿Sabes quiénes son? Son los que nos daban comida cuando el āśram estaba más pobre. Amma nunca podrá olvidar su amor y su generosidad.

Incluso especifica los artículos que traían de todo corazón hace años a la cocina del āśram. No es que Amma tenga favoritismo por los devotos más antiguos, ya que ama a todos por igual; es que nunca olvida el menor acto de bondad. Esa es la cualidad que diferencia la prodigiosa capacidad de recordar de Amma de la de los demás.

También nosotros podemos intentar concentrarnos y prestar atención a nuestra manera, pequeña y humilde. Hagamos un esfuerzo sincero por intentarlo. Para empezar, podemos esforzarnos por hacer cosas aparentemente insignificantes con *śraddhā* (concentración). Por poner un pequeño ejemplo, la mayoría de nosotros nos sentimos culpables porque guardamos nuestros libros y nuestra ropa descuidadamente. Los calcetines y los zapatos o las sandalias los tratamos peor aún: si uno del par está aquí, el otro anda por cualquier otro lugar. ¿Por qué no podemos aprender a guardarlos correctamente? Igualmente, cuando nos levantamos de una silla, ¿cuántos nos molestamos en volver a ponerla en su sitio? Cuando estamos frente a la lámpara sagrada o al altar, nuestra mente se distrae pensando en la comida o en algún programa de televisión. Si aprendemos a enfocar la mente en las cosas supuestamente insignificantes, eso nunca sucederá.

La grandeza de una persona se puede medir por el modo en que realiza las acciones más pequeñas. Nuestra personalidad se puede evaluar por lo limpia y ordenada que les parece nuestra habitación a los demás. Cuando observamos a Amma, vemos que realiza todas las acciones con el mayor cuidado, eficacia, determinación y conciencia.

Cuando se acercaba el final del programa de Pālakkāṭ de 2016, Amma, mientras daba el darśan a los últimos devotos que estaban en la cola, pidió de repente el micrófono y anunció:

—Hijos, por favor, limpiad las instalaciones del āśram antes de marcharos. El swami que dirige este lugar es Praṇavāmṛta. Cuando entró en el āśram lo primero que le di fue una escoba. Es muy exigente con el orden y la limpieza.

La escoba es una herramienta para limpiar. Al darme la escoba de limpiar, Amma también estaba guiándome sutilmente hacia una purificación de mi entorno interior elevando mi nivel de conciencia. La limpieza exterior lleva a la pureza interior. Sentí que su instrucción de esa mañana había sido simbólica. Amma quiere que todos aumenten su conciencia no solo de la limpieza del medio ambiente sino, más adelante, de la pureza del corazón, que lleva a *ātmaśānti*, la paz del Ser.

En realidad, la mayoría de nosotros ansiamos el estado de conciencia, aunque quizá no nos demos cuenta. Pensad en lo populares que se han vuelto las actividades de ocio de alto riesgo como el puénting, el ráfting, el paracaidismo y la escalada. Los medios de comunicación han captado con éxito el atractivo visceral de la emoción vinculada a esas iniciativas. Lo que tienen en común todas ellas es la sensación de conciencia ampliada que proporcionan. Los participantes hablan de una implicación total, una experiencia atemporal en la que se fluye de un momento a otro en una sintonía de percepción ampliada, una sensación de liberación y libertad e incluso una sensación de no diferenciación entre el yo y el entorno, todo lo cual podría describir perfectamente el objetivo de la meditación. Esos beneficios trascendentales son el santo grial que buscan los aventureros de alto riesgo.

En una ocasión, un devoto le preguntó a Amma:

—¿Es la conciencia lo mismo que śraddhā?

—Sí, cuanta más śraddhā tengas, más consciente estarás —respondió Amma.

La falta de conciencia crea obstáculos en el camino de la libertad eterna. Es como conducir en la niebla. No puedes ver nada con claridad. También es peligroso, ya que en cualquier momento puede producirse un accidente. Por el contrario, las acciones que se realizan con conciencia ayudan a incrementar la claridad momento a momento, y así finalmente hacen posible que te percates de la divinidad interior.

Amma es un ejemplo de entrega total al momento presente. Acepta cualquier cosa que aparezca en su camino, sea bajo la forma de una persona que viene para el darśan y derrama sus penas sobre Ella, o bajo la forma de un problema administrativo que hay que resolver. A diferencia de nosotros, Amma lo encuentra *todo* interesante y, sin embargo, es capaz por su desapego interior de experimentar cada momento de la vida con la máxima conciencia. Nada puede alterar su dicha interior, que fluye como una corriente constante de amor a la humanidad.

Un buscador se acercó a un famoso maestro zen y le preguntó:

—¿Cuál es tu sādhana? ¿Qué clase de prácticas espirituales realizas?

—Cuando tengo hambre, como, y cuando tengo sueño, duermo —respondió el budista zen.

—¿Qué clase de sādhana es esa? —le preguntó el buscador— ¡Yo también lo hago!

—¿En serio? —dijo el maestro— Muchas veces comes porque la comida está deliciosa, porque te invitan a comer o porque es la hora de comer. Para muchos comer es una costumbre. Yo solo como cuando tengo hambre. Del mismo modo, te vas a dormir cuando es la hora de dormir. Sueñas cuando quieres dormir y duermes cuando quieres soñar. Yo solo me voy a dormir cuando tengo sueño. No es una costumbre.

El nombre de uno de los *ṛṣis* (sabios) del ṛg Vēda es Śraddhā. Parece que la divina palabra «śraddhā» ha encontrado un lugar eterno en la punta de la santa lengua de Amma.

Permitidme contaros algo que ocurrió en los primeros años del āśram. Era la hora de la comida. Estábamos sentados alrededor de Amma comiendo, y dos o tres granos de arroz cocido cayeron de mi plato. No me di cuenta, pero Amma sí, y dijo:

—Querido hijo mío, come con śraddhā. El alimento es Dios. Hay que respetarlo. Para que brote incluso un solo grano, es imprescindible la gracia de Dios. Además, para que se produzca el proceso de germinar, cultivar, producir los granos y convertirlos en arroz cocido es necesario el esfuerzo combinado de la naturaleza, el hombre, las bacterias de la tierra y muchos otros elementos. Si tienes algún respeto por ese poderoso esfuerzo colaborativo y por Dios, ¿cómo puedes dejar caer trocitos de comida despreocupadamente?

Me quedé inmóvil con una bola de arroz cocido en la boca. Durante un rato no pude masticarla. Estaba asimilando esas maravillosas palabras de sabiduría. Tomé una decisión en ese momento y lugar: nunca más dejar caer de nuevo, ni siquiera inadvertidamente, el menor bocado de comida.

El secreto del éxito en la vida es śraddhā, la atención y el cuidado absolutos. Uno de los nombres de la Madre Divina es «Svādhīna-vallabhā», «la que tiene dominio sobre su Señor (su cónyuge)» (*Laḷitā Sahasranāma*, 54). Todas las mujeres que influyen a sus esposos por medio del amor y el servicio leal merecen ese nombre.

El gran santo de Tamil Nadu, Tiruvaḷḷuvar, y su esposa, Vāsuki, compartían una vida conyugal ideal. Hasta el final de su vida, esa noble señora nunca le pidió nada a su santo esposo. Siempre estaba asimilando la sabiduría que emanaba de los actos cotidianos y las palabras de Tiruvaḷḷuvar. Sin embargo, cuando estaba a punto de morir, dijo:

—Mi señor, discúlpame por tener curiosidad por una acción tuya en particular que siempre ha escapado a mi comprensión. Siempre que te servía la comida, tenías una taza de agua y una aguja cerca de la hoja. ¿Por qué? Por favor, ilumíname.

—Si un grano de arroz hubiera caído al suelo accidentalmente mientras servías la comida, habría utilizado la aguja para recogerlo, sumergirlo en la taza de agua para limpiarlo y comérmelo. Sin embargo, eso nunca sucedió porque tú siempre fuiste muy cuidadosa. Estás llena de śraddhā.

La alabanza de su marido tranquilizó su corazón agonizante. Su alma dejó el cuerpo mortal y se absorbió en el infinito con alegría, serenidad y una sensación de plenitud.

Curiosamente, la palabra «śraddhā» también significa «fe». ¿Qué relación hay entre la atención/conciencia y la fe? Los dos términos parecen contradictorios. Por un lado, la atención o la hipervigilancia puede crear tensión. Por otro lado, una persona con fe puede volverse autocomplaciente y, en consecuencia, carecer de atención. Por consiguiente, ambas van asociadas a cualidades negativas. Aun así, en la vida espiritual uno siempre está en el momento presente y, por tanto, alerta. Sin embargo, la fe del buscador en que Dios lo protege elimina toda tensión. De modo que la vigilancia y la fe son cualidades complementarias. La fe absoluta nos libera de cualquier ansiedad, permitiéndole así al devoto vivir plenamente en el presente.

Probablemente, nadie pueda igualar el nivel de śraddhā que demostró Vasudēva cuando llevó a Kṛṣṇa recién nacido a Yaśōdā en Gōkula. Su śraddhā era multidimensional, ya que combinaba la atención plena y la fe firme. La oscura celda estaba custodiada por los mejores hombres armados de Kamsa, que encadenaron al suelo a Vasudēva y a Dēvakī. Afuera llovía intensamente, con rayos y truenos intensificando el drama. La noche era oscura. Śrī Kṛṣṇa nació a medianoche y, adoptando su forma celestial, bendijo a su padre y a su madre. Después, le dio instrucciones a Vasudēva para que lo llevara a Gōkula y lo dejara, sin hacer ruido, junto a Yaśōdā mientras ella dormía. Luego el Señor retomó su juguetona forma infantil.

Vasudēva entró en acción. Vasudēva, devoto ardiente de Dios vida tras vida, era la personificación de la śraddhā, porque siempre estaba meditando en el Señor. No se detuvo ni un momento para hacer un balance de los obstáculos o los impedimentos potencialmente peligrosos que encontraría en el camino. Solo sabía que tenía que llevar a cabo las instrucciones del Señor. Echó un vistazo a su alrededor, vio una canasta en una esquina de la celda, la tomó y extendió diestramente su chal en su interior. Después, levantó al sonriente Kṛṣṇa y lo colocó en la canasta. Se la puso sobre la cabeza, la sujetó tiernamente con las manos y salió de la celda. No se dio cuenta de que los grilletes que lo tenían encadenado se habían soltado y que, no se sabe cómo, la puerta de la prisión, que estaba firmemente cerrada, se había abierto. Cuando salió, los guardias estaban profundamente dormidos. Vasudēva apenas notó el diluvio o la penetrante oscuridad que dificultaban su avance. Ni siquiera se fijó en la serpiente celestial, Ananta, que los protegía a él y al bebé celestial con sus capuchas. Cuando llegó al Yamuna, que estaba en su máxima crecida, se adentró en las aguas con la intención de cruzarlo. Al primer paso se hundió hasta los tobillos; en el segundo, hasta las rodillas. Los siguientes pasos hicieron que el agua le llegara a la cintura, el pecho, el cuello y la boca. El milagro ocurrió tras el siguiente paso, cuando el agua alcanzó el puente de la nariz. Mientras Vasudēva vadeaba la parte más profunda, el nivel del agua no ascendía, lo que le permitió seguir respirando. Una de las extremidades del bebé Kṛṣṇa colgaba alineada con el puente de la nariz de Vasudēva. El significado de la historia está claro: las amenazantes aguas de *samsāra* (el ciclo del nacimiento y la muerte) no pueden ahogar a un alma mortal si esta carga al señor con amor y con fe.

Amma ha reiterado: «Un creyente de verdad está lleno de fuerza, de una fuerza inmensa. Nada puede dañarle. Todos los obstáculos de la vida, ya sean creados por los seres humanos o por la naturaleza, se desmoronarán cuando choquen contra la fe firme y estable del creyente».

Es posible que hayas visto imágenes de Viṣṇu yaciendo sobre su serpiente, Ananta. La palabra «Ananta» significa «inacabable» y representa el infinito. Ananta se representa como una serpiente enroscada con las capuchas vueltas hacia adentro, hacia Viṣṇu. Simboliza que el que se ha vuelto hacia el interior y es consciente de Dios en el santuario de su corazón se vuelve inacabable e infinito, como el Señor mismo.

También se dice que Viṣṇu está en *yōganidrā*, el sueño yóguico. Algunas personas se burlan diciendo: «¿Qué clase de Dios es ese, que duerme todo el tiempo?»

Yōganidrā no es dormir como nosotros lo entendemos. Para nosotros, dormir significa olvidar. En yōganidrā hay una conciencia y una relajación total, que la mayoría de nosotros no podemos conseguir ni siquiera cuando estamos completamente despiertos. De todos modos,

¿cuántos de nosotros dormimos tranquilamente todo el tiempo? Nos despertamos porque tenemos deseos que cumplir. Nuestras *vāsanās* (tendencias mentales latentes) levantan la cabeza cuando nos despertamos. Viṣṇu no tiene ni vāsanās ni deseos, y por eso puede permanecer en un estado de reposo eterno, aunque con un dinamismo subyacente que protege toda la creación. A diferencia de nuestro sueño, que se caracteriza por la inconsciencia, en el yōganidrā hay sabiduría y conciencia total.

A Viṣṇu también se le representa rodeado de un mar de leche. Esa leche no es normal. No podríamos crear un mar de leche aunque ordeñáramos todas las vacas del mundo. Aquí la leche representa el *sattva guṇa*, el atributo de la serenidad, la inteligencia y la pureza. El significado simbólico es que el Señor habita en una mente que se ha vuelto tranquila y pura.

Ese estado solo puede alcanzarse mediante la meditación. Amma nunca deja de subrayar la importancia de la meditación y nos alienta a convertirla en la piedra angular de nuestras actividades diarias. Practícala diariamente, por lo menos durante diez minutos. Notarás que obtienes una energía tremenda. Tendrás el valor necesario para afrontar todos los pequeños problemas de la vida. Según los sabios, en el momento en que dices «tengo un problema», está claro que «yo no soy el problema». Recuerda solo que eres diferente del problema; tú eres el Ser de todo. La meditación nos da esa perspectiva.

¿Qué sucede realmente cuando meditamos? Nuestros pensamientos siempre están fluyendo. Esa corriente tiene lugar junto a una base inmóvil, de la misma manera que un río fluye en un lecho inmóvil. En otras palabras: todo cambio implica un sustrato inmutable. Sin embargo, la corriente de nuestros pensamientos es tan rápida que no percibimos el intervalo entre los pensamientos sucesivos. Al tomar conciencia de ese intervalo y, de ese modo, ampliarlo, podemos vislumbrar ese sustrato inmutable. Todas las prácticas espirituales están destinadas a ampliar ese espacio de silencio hasta que lleguemos a ser como el espacio ilimitado (el *Ātman*).

Cuando la turbidez de la mente se aclara, se vuelve tan transparente como un estanque límpido. Esa clase de mente es una poderosa herramienta. Para tener una idea de cómo es ese estado, lo único que hay que hacer es observar a Amma. El hecho de que pueda escuchar cientos de problemas y ocuparse de multitud de actividades al mismo tiempo, sin perder nunca la serenidad, da una idea de la calma profunda como el mar que debe de experimentar. Su dominio total de la mente es tal que nunca olvida nada, aunque pueda provocar el olvido en los demás. Eso explica por qué tendemos a olvidar nuestra colección de problemas cuando estamos en su presencia. La naturaleza dichosa de Amma nos arrolla, haciéndonos olvidar nuestros pequeños problemas.

La *Bhagavad Gītā* expone la misma idea. El Señor Kṛṣṇa le dice a Arjuna:

bahūni mē vyatītāni janmāni tava cārjuna
tānyaham vēda sarvāṇi na tvam vēttha parantapa

> He tenido muchos nacimientos, oh Arjuna, y tú también. Yo los conozco todos, pero tú no los conoces, oh vencedor de los enemigos (4.5).

En su canción mística *Ānanda Vīthiyil*, Amma destaca algo similar:

> *kōṭiyabdangaḷ pinniṭṭa kathakaḷen*
> *cārusirayil udiccuyarnnu*
>
> Los sucesos de millones de años pasados surgieron en mi interior.

Solo por la gracia del guru podemos penetrar en las profundidades de esas manifestaciones místicas. ¿De qué otro modo podemos comprender siquiera las indicaciones de la omnisciencia con nuestros limitados intelectos?

Una gran maestra como Amma puede leer y entender cada uno de nuestros pensamientos porque su mente está perfectamente equilibrada y enfocada unidireccionalmente. Aunque se han registrado muchos casos, a menudo solo los conocen los propios devotos o su círculo de amigos y familiares cercanos. Uno de esos casos, que oí de primera mano, sucedió hace muchos años. Una mujer adinerada de mediana edad vino a ver a Amma por primera vez. Estaba en posesión de todas las comodidades y aparentemente carecía de problemas mundanos. Sin embargo, era consciente de que le faltaba paz interior. En aquellos días, Amma recibía a los devotos en una pequeña cabaña. La señora entró en la cabaña, se acercó a Amma y la miró con anhelo. Rezó interiormente para recibir consuelo: «Amma, por favor, dame paz mental». No dejaba de repetir esa oración, como si estuviera poseída por su confusión interior. Durante todo ese tiempo no pronunció ni una palabra. Sin embargo, Amma, con su compasión arrolladora, entendió el corazón de la devota. Cuando llevó a la mujer hacia su hombro, Amma le susurró en el oído de manera tranquilizadora:

—Querida hija, ¿no es eso para lo que Yo estoy aquí?»

Es por esa compasión abrumadora —no solo en su forma exterior de brindar ayuda física o material a los demás, sino también en la versión más sutil de captar las preocupaciones y los temores y responder amorosamente— por lo que Amma crea vínculos con millones de personas. Devotos de todo el mundo han experimentado ampliamente su omnisciencia; sin embargo, eso plantea esta pregunta: «¿Somos conscientes de ese hecho las veinticuatro horas del día? ¿Recordamos siempre que Amma está con nosotros en todo momento?».

Amma también utiliza su percepción divina para corregir a los individuos que se equivocan, ayudándolos a superar el letargo o debilitando sus vāsanās. Un joven visitaba a menudo el āśram para recibir el darśan de Amma. Una vez, se sentó detrás de Amma después del darśan y, en lugar de aprovechar esa ocasión para meditar encontrándose en su presencia física, su mente empezó a vagar inútilmente. En un momento dado, incluso empezó a preguntarse por qué había tantos devotos sentados alrededor de Amma perdiendo el tiempo cuando podían estar haciendo algo que valiera la pena. En ese preciso instante, Amma se volvió y, mirándolo directamente a los ojos, le dijo:

—Levántate y haz algún trabajo, ¡vago!

Pasmado por la capacidad de Amma para leerle la mente, se levantó de un salto y fue corriendo a la cocina, donde hizo algo de sēva, y, de paso, también comió.

A las personas como Amma se las llama «*pratyutpannamatayaḥ*» en sánscrito. En otras palabras, tienen una aguda inteligencia. Todos tenemos esa capacidad, pero tendemos a utilizarla de una manera menos beneficiosa.

Había un hombre al que no le caía bien otro. Con la intención de burlarse de él, dijo:

—¿Sabes? Nunca creí en la teoría de Darwin, que dice que los simios se convirtieron en seres humanos por el proceso de la evolución, pero cuando veo tu *preciosa* cara, me veo obligado a creerlo.

Para inventarse chistes como ese y contarlos bien, hace falta concentración y claridad mental. Algunos de nosotros podemos tener esas capacidades, pero las utilizamos negativamente, es decir, de manera hiriente o destructiva. La espiritualidad consiste en canalizar, conservar y utilizar ese potencial de la manera adecuada.

Cuando la mente está concentrada y equilibrada, no encontramos defectos en los demás. En un estado de perfecta ecuanimidad no hay sensación de dualidad. Y si no hay dualidad, ¿a quién podríamos censurar?

Hace muchos años, un apuesto joven llegó al āśram para ver a Amma. No tenía fe en la grandeza de esta y, por eso, ni se molestó en postrarse ante ella o en mostrar ninguna humildad. Amma, que no se sentía en absoluto molesta, empezó a hablar con él muy cariñosamente. Entonces, el joven dijo vanidosamente que era inspector jefe de policía de un determinado distrito. Al escuchar esas palabras, Amma sonrió pícaramente, como diciendo: «Yo lo sé todo sobre ti». Con la mayor consideración, Amma le advirtió:

—Querido hijo, estás pasando por un momento muy malo. Ten cuidado.

Después le besó y le dio *prasād* (comida consagrada). Él se marchó a la mañana siguiente temprano. Casi una semana después, uno de los residentes del āśram vio la fotografía de ese hombre en el periódico. El titular decía: «Falso policía bajo custodia policial». El residente corrió a ver a Amma con las noticias frescas. Después de leer el reportaje, Amma dijo:

—¡Qué lástima! Lo siento por él.

Solo en el corazón de un mahātmā puede haber conciencia y clarividencia totales, por un lado, y, por otro, amor y compasión constante por todos, incluso los malvados.

En China vivía un gran maestro de meditación que era un *avadhūta*, uno que está más allá de las normas y las formalidades sociales. Solía caminar por las calles llevando al hombro un saco con variedad de cosas. Un día, un buscador se le acercó y le preguntó:

—Oh, maestro, ¿cuál es el efecto de la meditación?

El maestro lo miró fijamente unos instantes y después dejó el saco en el suelo. No dijo nada. El buscador entendió lo que el maestro quería decir y respondió:

—De acuerdo, lo entiendo. Y después, ¿qué?

En respuesta, el maestro volvió a levantar el saco, se lo llevó al hombro y se marchó.

Las acciones del maestro fueron tremendamente simbólicas. Cuando se contempla el sustrato del universo, es decir, cuando se experimenta a Dios, el ego muere; uno se descarga de su tremendo peso. El resultado es la paz, *śānti.* Al dejar el saco, el maestro estaba diciendo que la meditación nos ayuda a librarnos de la carga de nuestro ego. Al volver a cargárselo sobre los hombros, estaba indicando que, una vez erradicado el ego, podemos asumir la carga del mundo con suma facilidad.

Capítulo 4

«¿Obedecemos al maestro en pensamiento, palabra y acción?»

Los Vedas afirman: «*Ācāryavān puruṣō vēda*», es decir, «el que es bendecido con un maestro capacitado, llega a conocer la Verdad» (*Chāndōgyōpaniṣad*, 6.14.2). Si es así, ¿por qué no la hemos comprendido ya? Después de todo, hemos tomado la guía de Amma.

La conclusión es esta: ¿Obedecemos al maestro incondicionalmente en todos y cada uno de nuestros pensamientos, palabras y acciones? Hace falta una entrega *total* al maestro. La palabra «entrega» puede sonarle negativa a nuestra mente racional. Generalmente la relacionamos con la derrota y la humillación, en lugar de con la victoria y el progreso. Es una lástima, porque no nos damos cuenta de lo que nos podemos elevar entregándonos completamente a la disciplina espiritual del maestro. En palabras de Amma, la disciplina del guru es como el tratamiento que le da un médico a un paciente con heridas infectadas. Limpiar la herida, aplicar un ungüento y vendarla puede ser doloroso para el paciente; sin embargo, el médico sigue con su trabajo hasta que está terminado, consciente siempre de que todo es en beneficio del paciente. La obediencia del paciente al médico ayuda a este a curarlo y a aliviar su sufrimiento.

Amma dice: «Cuando llegas a tener un maestro autentico, no debes preocuparte por la experiencia espiritual. Ten fe en el maestro y cumple sus palabras sin reservas. Todo vendrá por su cuenta».

Lo que eso significa es: obediencia. Muchos de nosotros pensamos que le somos fieles a Amma. Para descubrir cuán fieles somos, solo tenemos que preguntarnos:

«¿Cuánto la obedezco?». Un verdadero devoto de Amma es el que cumple cada una de sus palabras.

Amma dice que devoción es obediencia. ¿Por qué hay que obedecer o entregarse al maestro? ¿Es realmente necesario tener un guru? Lo es, si estamos decididos a conocer a Dios o nuestro Ser. Solo el que ha visto a Dios puede llevar a otro a Dios. Los ciegos nunca pueden guiar a los ciegos. Amma es como el médico de los médicos. El origen de los padecimientos de la existencia mundana son las vāsanās, que son muy sutiles. Estas nos impiden actuar sin prejuicios.

Para los que piensan que tienen libre albedrío, puede ser sorprendente oír que las tendencias innatas, que son una especie de cableado mental, dan lugar a respuestas preprogramadas. El Señor Kṛṣṇa dice esto: «*Svabhāvastu pravartatē*», es decir, cada ser actúa según su naturaleza» (*Bhagavad Gītā*, 5.14). La siguiente historia muestra lo poderosas que son las vāsanās.

Un científico pasó varios años investigando la posibilidad de transmutar agua pura en petróleo. Sabía que la transformación era posible con el catalizador apropiado. Probó muchos materiales diferentes, pero, incluso después de varias repeticiones, no pudo lograr la fórmula perfecta. También intentó encontrar métodos fuera del laboratorio. Entonces oyó hablar de un lama de las montañas de Tíbet que conocía el catalizador que buscaba. Sin embargo, para encontrarse con el lama tenía que cumplir tres condiciones:

ir solo al encuentro del lama

viajar descalzo durante el peligroso y agotador viaje y si tenía éxito cumpliendo las dos condiciones anteriores y llegaba a ver al lama, se le permitiría hacer una única pregunta.

A pesar de esas estrictas estipulaciones, el científico decidió ir. Viajó descalzo completamente solo, superando todas las dificultades del viaje. Finalmente, llegó a la morada del lama. Cuando lo llevaron a su presencia, se quedó asombrado. En lugar del hombre viejo, arrugado y con barba que había pensado que sería el lama, vio a una mujer de una belleza que paralizaba, que fácilmente podría haber ganado el título de Miss Universo. ¡Quién hubiera pensado que esa belleza sería un lama! La atractiva mujer le sonrió y le habló cautivadoramente:

—Felicidades viajero. Por fin has llegado a mí. Ahora, ¿cuál es tu única pregunta?

Hipnotizado por su encanto, el científico preguntó instintivamente:

—Querida, ¿estás soltera o casada?

Las vāsanās no solo son difíciles de superar; además, distorsionan la percepción de la realidad. Son como gafas de colores que nos impiden ver el mundo tal como es. Esas gafas distorsionan nuestra percepción, lo que nos lleva a hacer interpretaciones equivocadas. Solo una persona como Amma, es decir, alguien con una comprensión suprema, puede erradicar las vāsanās. La Verdad se revela cuando vamos más allá de todas las vāsanās. Por tanto, es esencial obedecer y entregarse al maestro.

Un día, un famoso erudito con una erudición sin igual acudió a la corte de un rey. Después de que el rey lo hubiera recibido con honores, el erudito dijo que había venido con un desafío: ver si alguien de ese reino lo podía vencer en un debate.

El rey se encontraba en un dilema. Desesperado, recurrió a su ministro para que le ayudara a encontrar a alguien que le librara de esa deshonra. El sabio ministro salió, encontró a un borracho y lo convenció para que se presentara en palacio a la mañana siguiente a una hora determinada. El ministro le garantizó que no tendría que hacer ningún trabajo, solo presentarse en el palacio.

Al día siguiente, el borracho se presentó a la hora convenida. El ministro le ordenó que no hablara durante el debate que se acercaba y que se limitara a comunicarse con gestos; después podría hablar. Cuando llegó el erudito, se quedó atónito al ver que alguien había aceptado su desafío. Y se desanimó al ver que su oponente no hablaba. Cuando le dijeron que ese día estaba cumpliendo un «voto de silencio» y que respondería solo mediante gestos, aceptó las condiciones del debate.

La batalla de genios comenzó. El erudito levantó un dedo. El borracho respondió mostrando dos dedos. El erudito estaba asombrado. Indicó el número tres con los dedos. El «erudito» borracho, enojadísimo, replicó mostrando cuatro dedos, provocando un gran desconcierto en el erudito. El erudito se puso a sudar. ¡Aquí había alguien más grande que él! Desesperado, levantó cinco dedos. Al verlo, el borracho, fuera de sí de ira, levantó seis dedos y después dibujó un círculo en el aire con los dedos. Eso ya fue demasiado para el erudito. Reconociendo su derrota a manos de un erudito superior, cayó reverentemente a los pies del borracho. Todo su orgullo y su ego se desinflaron y se sentó, humillado.

El rey estaba satisfecho. Después de conceder honores tanto al borracho como al erudito, todos los que estaban en la corte expresaron un vivo deseo de saber qué había pasado. No habían entendido en absoluto el intercambio de gestos.

El erudito habló primero. Fue todo un elogio a la erudición del «erudito» borrachín. Explicó que había comenzado diciendo «uno» para indicar que todo lo que hay en el universo es uno, que solo hay una única verdad absoluta. El oponente había cuestionado la idea señalando que había dos entidades: el *jīvātmā* (alma individual) y el *paramātmā* (Alma Suprema). En respuesta, el erudito había levantado tres dedos para indicar los *triguṇas*, los tres modos o cualidades interdependientes de la naturaleza. El oponente ebrio había revelado una verdad más elevada mostrando cuatro dedos, indicando así que todo estaba basado en los cuatro Vēdas. Entonces el erudito decidió mencionar los cinco sentidos de percepción, que forman la base de la experiencia. Incluso entonces, el hombre «espirituoso» lo venció levantando seis dedos para recordar que había, además, un sexto sentido: la mente, como proclama la *Bhagavad Gītā*.

—Realmente es un alma iluminada—concluyó el erudito—. Sin embargo —añadió—, estoy completamente perdido respecto al significado del círculo.

Cuando el erudito hubo abandonado el palacio, le tocó explicarse al borracho. Dejando su silencio, dijo, arrastrando las palabras:

—Cuando ese hombre me mostró el uno, sabía que me estaba diciendo que se podía beber una botella de alcohol con facilidad. ¿Una botella? ¡Anda ya, eso es un juego de niños! ¡Puedo acabarme dos botellas en cualquier momento! Así que le mostré el dos. Entonces ese tipo insolente me retó diciendo que él lo podía hacer mejor, mostrando un tres. Me enfadé. Cualquiera que me desafíe bebiendo se está metiendo en problemas, así que le advertí indicando cuatro Y, adivina lo que hizo entonces ese engreído: indicó cinco botellas. ¡Qué desfachatez! No soy de los que afrontan un reto sin defenderlo. Por eso le dije que estaba dispuesto a terminar con seis botellas.

Cuando le preguntaron por el significado del círculo que había dibujado en el aire, el borracho respondió:

—¡Ah, eso! Estaba intentando decir que me bebo fácilmente seis botellas si hay *pappaṭam*[2] de aperitivo.

¿Moraleja de la historia? Que juzgamos y analizamos el mundo según nuestras tendencias mentales, experiencias personales y puntos de vista.

Superar las tendencias de la mente es sumamente difícil. Para hacerlo se necesita la guía de una maestra

---

[2] Aperitivos indios crujientes, como una oblea, normalmente de forma circular, hechos de harina de lentejas.

como Amma y una práctica constante por nuestra parte. El poder de la gracia del guru y su presencia nunca se pueden exagerar. El amor de Amma es tan fascinador que puede transformar al ser más endemoniado en un ángel. Si un diablo conociera a Amma se convertiría en Swāmi Diabloānanda.

Durante Su primera visita a una ciudad india a finales de los años noventa, acudió una gran multitud a recibir el darśan de Amma. La cola de los hombres era larga y serpenteante, pero los devotos esperaban pacientemente, siguiendo las instrucciones de los voluntarios. De repente, se produjo un pequeño tumulto. Los voluntarios intentaron averiguar la razón del alboroto y descubrieron que un hombre, un alborotador local conocido por su rebeldía, intentaba alterar la tranquilidad del lugar. Por más que se esforzaron, no pudieron controlar al malhechor, que hizo que se extendiera una ola de disgusto entre los devotos. Siguió comportándose mal hasta que llegó a Amma. Ella lo abrazó unos segundos más de lo habitual. Su abrazo lo calmó. Cuando se marchó, era un hombre sereno y silencioso, tan grande fue la transformación de su conducta. Hay noticias de que ha iniciado una nueva vida, ante el asombro de sus vecinos y de la gente de su localidad.

Amma aconseja: «La finalidad del nacimiento humano es el conocimiento del Ser, cuya consecuencia es el silencio total y la serenidad del instrumento interior». El hombre lucha por la felicidad en todos y cada uno de los momentos, pero en la dirección y de la manera equivocada. En realidad, todos estamos buscando inconscientemente nuestro Ser. La búsqueda de la felicidad y la búsqueda del Ser son lo mismo. La naturaleza del Ser es la bienaventuranza, la felicidad. Solo los que son bendecidos con un guru capacitado pueden llegar a percibir su Ser. Nunca podremos iluminarnos hasta que el ego esté totalmente aniquilado. Para eliminar el sentido de «yo» y «lo mío», es imprescindible la guía de un verdadero maestro.

En realidad, el «yo» nunca es un problema, pero «lo mío» siempre lo es. Tendemos a unir el sentido de «lo mío» con todo y, en consecuencia, sufrimos. Es muy fácil decir: «soy el servidor de los servidores / de Amma / de Dios». Es muy difícil ponerlo en práctica. ¿Quién es el alborotador? ¿Es la mente? Realmente no. La mente no tiene fuerza propia; es inerte, pero seguimos alimentándola y nutriéndola. La mente es como la Luna, y el Ser, como el Sol. La Luna nunca puede brillar sin la luz del Sol. Del mismo modo, la mente obtiene su energía del Ser Por tanto, debemos supervisar con qué alimentamos la mente inerte. Si la alimentamos de pensamientos egoistas, se vuelve egocéntrica; y, si no se la controla, puede seguir así hasta el final de la vida. El ego hinchado es como un niño sumamente obstinado, que nunca hace caso. Se convierte en el amo del verdadero amo (nuestro Ser). En esas circunstancias, el verdadero amo no puede controlarla. Podemos tratar de controlarla, pero la mente dirá: «No estoy dispuesta a obedecerte. Has llegado demasiado tarde». Satisfacer todos los caprichos engorda el ego, convirtiendo la mente en un niño consentido, desobediente e incontrolable. Llega a ser el amo. El objetivo de la vida espiritual es lograr el control de la mente para poder experimentar la verdadera dicha. La obediencia a la guía del maestro nos permite dominar la mente.

Me acuerdo de una anécdota. Un cabeza de familia se convirtió en devoto incondicional de un mahātmā y a menudo visitaba el āśram del swāmi. Un día llevó al āśram a su esposa, sus hijos y su suegra. Empezó a presentar al swāmi los miembros de su familia. Sujetando a su hijo, dijo:

—Swāmiji, este es mi hijo... no, no. Es *tu* hijo. Todo lo que es mío es tuyo. Yo no tengo nada. Esta es *tu* hija —añadió para presentar a su hija.

—Swāmiji, esta es *tu* suegra — dijo con énfasis cuando presentó a su suegra.

Pobre swāmi. ¡Quién habría imaginado que después de convertirse en sannyāsī adquiriría un hijo, una hija y una suegra! Y después, presentando a la esposa, el devoto dijo:

—Y esta es *mi* esposa.

Algunos pueden decir que no son egoístas. Amma dice: «Afirmar que uno no tiene ego es la mayor forma de egocentrismo». Solo el ego dice: «No tengo ego». Los que carecen de ego pueden hacer maravillas en este mundo, aunque desde su plano de conciencia no sean maravillas. Solo desde nuestro nivel algunas cosas parecen milagrosas. El Sol le proporciona luz a todo el mundo. Eso no tiene nada de extraordinario desde el punto de vista del Sol; sin embargo, para nosotros es inconcebiblemente grandioso. Del mismo modo, Amma da darśan a miles de personas. A menudo nos preguntamos cómo lo hace, pero para ella es algo sencillo y natural. El secreto es la relajación total, que hay que practicar en todos y cada uno de los instantes. La resolución de una mente pura, relajada y equilibrada se vuelve fructífera.

Una familia de devotos llevaba diez años viniendo al āśram. En una visita, los cónyuges se pusieron a llorar en el regazo de Amma. Cuando le preguntaron por qué, el marido señaló a su mujer y dijo:

—Hace unos días le dolía el pecho. La llevamos al hospital. El doctor dijo que tenía cuatro o cinco obstrucciones arteriales y que era indispensable una operación de bypass.

Amma, consolándolos, dijo, a su manera habitual:

—No os preocupéis, Amma está con vosotros. No pasará nada. Amma hará un *sankalpa* (resolución divina).

La pareja se fue a casa en paz. Al día siguiente, cuando la esposa fue a una revisión médica, el doctor, asombrado, no pudo encontrar ninguna obstrucción. Puedes imaginar muy bien el alivio y la felicidad de la familia. Le contaron al doctor lo que había pasado; dijo que quería ir a ver a Amma. Ese suceso demuestra la entrega de la pareja.

En la *Bhagavad Gītā*, Kṛṣṇa garantiza esto: «*Yōgakṣēmam vahāmyaham*», («Los recompenso con lo que no poseen y protejo lo que ya tienen») (9.22). Sin embargo, en la misma estrofa hay una advertencia que tiene suma importancia: «*Ananyāścintayantō mām*», «a los que solo me adoran a mí, sin pensar en nada más». En otras palabras: hay que adorar al Señor con plena atención. Amma también es muy clara al respecto: cuando Ella entra en la mente allí no debe haber nadie más. También la mente debe estar libre de anhelar objetos placenteros.

El ego ha usurpado el trono que por derecho le pertenece a la divinidad interior. Jesús, por la crucifixión y la resurrección, le estaba revelando a toda la humanidad el mensaje fundamental de que hay que trascender el cuerpo y renacer en el Ser Supremo. La cruz es como la letra «I» («yo» en inglés) tachada, y la crucifixión simboliza la negación del cuerpo, que es un emblema del ego. Si realizamos todas las acciones sin tener la sensación de ego, siempre estaremos tranquilos. La diosa Saraswatī se representa sentada sobre un loto en un lago. ¿Cómo es que el loto se mantiene a flote? ¿Es que la ley de la gravedad no se aplica a las diosas? El hecho es que el loto se mantiene a flote porque la diosa no tiene el peso de un ego.

En realidad, el ego es una ilusión. Un ejemplo que lo demuestra: pensemos en un piso. Mientras estás en él sientes: «este es mi piso». Imagina que tienes que trasladarte a un lugar nuevo. La sensación de identificación, al cabo de un tiempo, pasará al nuevo hogar. No hace falta decir que el piso no tiene esa sensación. *Māyā*, la fuerza cósmica del engaño, es la que produce ese apego que crea la sensación de «lo mío» y nos ata a los objetos temporales del mundo.

Una persona que viajaba sola por la noche vio algo, imaginó que era un fantasma y se asustó. Cuando reunió el suficiente valor para encender la linterna, se dio cuenta de que solo era un poste. El hombre vio el fantasma en el poste solo porque tenía miedo. Si no hubiera tenido miedo, no se habría equivocado. Amma nos está enseñando a calmar la mente y a conseguir así el control sobre nosotros mismos. Para fundirnos en la Verdad, primero hay que aprender a relajar la mente. Si llevamos una carga de tensiones todo el tiempo, ¿cómo podemos relajarnos? ¿Cómo podemos alcanzar la Verdad? Muy a menudo nuestros instintos se interponen en el camino de la paz mental.

Después de que Rāma matara a Rāvaṇa, el Señor regresó a Ayōdhyā, donde fue debidamente coronado como rey. Acto seguido, quiso organizar una fiesta para sus amigos los monos, que le habían servido de todo corazón. Sin embargo, Lakṣmaṇa, el hermano de Rāma, tenía sus reservas. Aunque reconocía la sinceridad de los monos, no tenía una buena opinión sobre su naturaleza y le parecía que sería muy difícil que cambiaran, incluso en Ayōdhyā, la morada de Rāma. Rāma le dijo que sus dudas eran infundadas.

La fiesta se organizó. Todos los monos fueron a comer, portándose de la mejor manera. Todo estaba tranquilo y sereno. El Señor Rāma se sentía sumamente feliz. Pero, desgraciadamente, cuando se estaba sirviendo el suero de leche, un mono vio una pepita de limón (ya que la bebida llevaba zumo de limón). Instintivamente intentó atraparla y la pepita voló por los aires. Al verla, el mono saltó para alcanzarla. Sus amigos simios, al verlo brincar en el aire, pensaron que era un juego para ver quién podía saltar más alto. ¡Pronto había un caos total, con monos saltando y comida por todas partes!

Es difícil refinar nuestra naturaleza básica, pero no es imposible cambiarla. ¿No dejan todos nuestros placeres y sufrimientos de existir durante el sueño profundo? Es como si hubiéramos olvidado o ido más allá de todo. Hay que tratar de estar todo el tiempo en el estado de conciencia y dicha, siguiendo el consejo de Amma: «Oh, ser humano, levántate, despierta y sumérgete profundamente en tu Ser. Disfruta de la dicha suprema».

Cuando la gente común habla o hace algo irreflexivamente, las consecuencias pueden incluso alterar el equilibrio de la naturaleza. Sin embargo, cuando los maestros espirituales como Amma hablan, las vibraciones positivas de sus palabras se convierten en un deseo divino o una oración que se refleja y se registra en todas partes. Todo el universo se pone en movimiento para hacer realidad sus palabras. Que este mundo siga existiendo a pesar de todas las atrocidades que los seres humanos están cometiendo solo es posible por la presencia de las encarnaciones divinas como Amma. Los avataras son como contrapesos en el viaje evolutivo del universo, que garantizan que la existencia se mantenga equilibrada y no tropiece o derrumbe por la degradación del ser humano. Los maestros piden por la paz y la felicidad de todos los seres; nunca buscan nada para sí mismos.

Amma dice: «Hijos, necesitáis tener el certificado hasta de una hormiga para alcanzar el éxito en vuestra sādhana». Su respeto por la naturaleza dice mucho sobre su unidad con la naturaleza.

Hace años, cuando vestía la túnica amarilla (como Br. Praṇavāmṛta Caitanya) y tenía a mi cargo el cuidado de la filial del āśram de Tiruvanantapuram, cada viaje de regreso a Amṛtapuri estaba lleno de la expectativa de ver a Amma. En cuanto llegaba, intentaba de algún modo llamar la atención de Amma. Muchas veces, me situaba debajo de su habitación y me ponía a cantar a viva voz canciones devocionales para que las escuchara. Por alguna razón, nunca fui consciente de mí mismo; ni siquiera se me ocurrió preguntarme qué pensarían los demás de mí mientras estaba de pie, mirando arriba hacia la habitación de Amma y cantando fuertísimo. Estaba completamente centrado en mi objetivo: reunirme con Amma. Yo sentía que estaba cantándole una serenata a mi Amada Madre. Algunas veces, incluso tosía con fuerza para llamar su atención. Por lo general, Ella enviaba pronto a alguien para hacerme pasar a su habitación. No solo eso. Tenía tanta sensibilidad que podía calibrar mi estado de ánimo por mi voz. Por ejemplo, decía cosas como: «Por tu tos, puedo decir que estás estresado por algo. ¿Qué es?»

En una ocasión, sin embargo, ninguna de mis estrategias funcionó. Canté y canté, tosí y tosí, y todo en vano. Cuando estaba cansado y a punto de admitir la derrota, vi algo curioso: un cuervo fue volando a la ventana de la habitación de Amma y se posó en algo. Cuando me fijé, vi que era la mano de Amma. En la mano había cacahuetes y el cuervo utilizaba el pico para recogerlos uno a uno. Miré hacia la ventana con más atención y vi a Amma utilizando su otra mano para tomar algunos cacahuetes y metérselos rápidamente en la boca. Por lo que sabía, los cuervos nunca se acercan demasiado a los seres humanos, pero ese estaba literalmente comiendo de sus manos. Me tomé la libertad de entrar en la habitación de Amma, sin esperar a ser invitado.

En cuanto entré, Amma gritó, «¡Praṇavam!», sin volverse para mirar. Cuando me acerqué a Amma, el cuervo se alejó instintivamente.

Le pregunté a Amma:

—¿Cómo es que el cuervo estaba posado en tu mano sin temor? ¿No es insólito?

—No, hijo —respondió Amma—. Los pájaros y los animales siempre han sido mis amigos. Me daban de comer durante mis días de sādhana. Yo no veo al cuervo como diferente de mí.

Las palabras de Amma, aunque dichas con sencillez y naturalidad, me impresionaron, dándome un vislumbre de su sublime talla espiritual. Un Alma Iluminada contempla el Ser único de todos los seres, y esa conciencia se manifiesta como una afinidad excepcional con todos los seres. Incluso los animales y los pájaros pueden sentir las vibraciones de amor y no violencia que emanan de Amma. Por eso, el cuervo se había posado sin miedo alguno en su mano.

Después pregunté:

—¿Quién es ese cuervo?

Quería saber si era algún ser especial. Amma se encogió de hombros, fingiendo no saberlo. Insistí. Al cabo de un rato, dijo:

—Es un alma difunta. Era un ser humano. Ahora, quizás debido a una relación con Amma en el pasado, siente una atracción espontánea hacia mí.

Me fijé que Amma usó el pronombre que se aplica a los seres humanos, «él», no «ello». Claramente veía a través de la forma que vestía esa alma. Entonces le pregunté:

—Si alguien es tu devoto en esta vida, ¿es posible que esa persona renazca como un cuervo?

Amma ignoró mi pregunta.

—¿Por qué preocuparse de eso, hijo? Lo que importa es lo que haces en esta vida, cómo la usas para avanzar hacia la meta del nacimiento humano.

Sentí que Amma me estaba recordando la buena fortuna excepcional de haber llegado bajo su tutela divina. No solo yo, millones de personas en todo el mundo han sido bendecidas de ese modo. Lo que importa es si aprovechamos al máximo la ocasión de haber encontrado una mahātmā como Amma para impulsar nuestro progreso en la peregrinación hacia lo divino.

Recordé lo que dijo el Señor Kṛṣṇa en la *Bhagavad Gītā*:

> *ābrahmabhuvanāllokāḥ punarāvartinō'rjuna*
> *māmupētya tu kauntēya punarjanma na vidyatē*
>
> Todos los mundos, oh Arjuna, incluso el reino de Brahmā, están sujetos al retorno; pero después de llegar a Mí, oh hijo de Kuntī, no hay renacimiento (8.16).

Esas palabras parecen desalentadoras, porque señalan que incluso el Brahma-lōka, el mundo de Brahma, el Creador, no es la esfera más elevada. Aunque ese mundo es elevado, quien lo alcanza debe renacer nuevamente cuando se termina el kalpa (unos 4.320.000 años)[3]. Solo el que ha trascendido el ciclo de nacimientos y muertes puede unirse con el Ser Supremo, encarnado en el Señor Kṛṣṇa. Somos benditos por tener otra encarnación de esa clase con nosotros. Que esa estrofa sagrada nos inspire para llegar a Amma, la encarnación misma de lo divino.

Existe una inteligente manera de clasificar a las personas: 1) las que llegan, viven y parten en la ignorancia; 2) las que llegan en la ignorancia, adquieren conocimiento mediante la vida espiritual, y parten con conocimiento; y 3) las que nacen, viven y parten con pleno conocimiento.

---

[3] O un día entero del Señor Brahmā, el Creador de la Trinidad hindú. Un kalpa se compone de mil *mahāyugas*; un *mahāyuga* se compone de cuatro *yugas* (véase el glosario). Abarca el período que va de la creación a la disolución del universo.

Las muy escasas que son como Amma se encuentran en la última categoría. La mayoría se halla en la primera categoría. Debemos, al menos, aspirar y esforzarnos seriamente por llegar a entrar en la segunda categoría.

Nuestra ignorancia es, a menudo, extraña y divertida. Una madre le escribió la siguiente carta a su hijo:

> Querido hijo mío:
>
> Estoy escribiendo esta carta lentamente porque sé que no puedes leer rápido. El clima de aquí no está tan mal. Solo llovió dos veces esta semana: la primera vez, durante tres días, y la segunda vez, durante cuatro. Querías que te enviara la chaqueta, pero tu tía dijo que con todos los botones de metal pesaría demasiado para enviarla por correo, así que cortamos todos y los metimos en el bolsillo. Tu padre tiene un trabajo nuevo, con quinientos hombres bajo él. Corta la hierba del cementerio. Tu hermana ha tenido un bebé esta mañana. No me he enterado si es niño o niña, así que no sé si eres tío o tía.
>
> Tu tío Jeff se cayó en un barril de licor. Algunos hombres intentaron sacarlo, pero se defendió valientemente y se ahogó. Lo incineramos y ardió durante tres días. Tom, tu mejor amigo, ya no está entre nosotros. Murió tratando de cumplir el último deseo de su padre, que era que lo enterraran en el mar tras su muerte. Tom murió mientras cavaba una tumba para su padre. No ha pasado nada más.

Con cariño,
Mamá
PD: Iba a enviarte algo de dinero, pero, cuando lo recordé, ya había cerrado el sobre.

Hay una graciosa anécdota sobre la tremenda ignorancia de los estudiantes y el profesor de una determinada escuela. La gran epopeya, el Rāmāyaṇa, formaba parte del plan de estudios, y la parte que se estaba enseñando era cuando el rey Janaka tenía en su poder el tryambaka, un poderoso arco que había pertenecido al Señor Śiva. El rey había decidido dar en matrimonio la mano de su hija a quien pudiera levantar y encordar con éxito el gran arco.

Sin embargo, al profesor no le interesaba mucho el tema y estaba sentado en su silla disfrutando de una siesta, con el consiguiente deleite de sus alumnos. Estos formaron grupos y comenzaron a representar juegos de guerra utilizando proyectiles hechos con lapiceros, bolas de papel y otros objetos. La clase era una escena completamente caótica. Algunos niños se estaban tirando del pelo. Unos pocos estaban decorando la pizarra con obras de arte. Otros estaban simulando movimientos de críquet y golpes de kárate. Justo en ese momento, uno de los inspectores del departamento de educación del Estado entró para hacer una inspección. Atónito ante la anarquía de la clase, se acercó al profesor dormido y, golpeando con la mano el escritorio, preguntó:

—¿Qué está pasando aquí?

—Solo les estaba enseñando la historia del *Rāmāyaṇa* sobre el arco *tryambaka* y quién lo rompió —respondió el profesor, dando un salto en la silla y agarrando el libro de texto.

—¿En serio? —dijo el inspector— ¡Entonces veamos cuanto han entendido sus alumnos!

Señalando con el dedo a uno de los chicos, el inspector le preguntó:

—Dime, ¿quién rompió el *tryambaka*?

—No... no... yo no fui, señor. ¡Se lo prometo! ¡De verdad, yo no lo hice! —tartamudeó el chico temblando.

Entonces, el inspector se volvió hacia el alborotador de la clase y le preguntó:

—Joven, quizá tú puedas decirme quién rompió el arco.

—¡No te atrevas a amenazarme de ese modo! —le respondió fulminándolo con la mirada— No me importa quién seas, aunque seas un inspector. ¡No te metas conmigo!

El inspector se enfureció y le preguntó a un tercer niño, que señaló a la niña que estaba a su lado y dijo:

—Fue ella. La vi hacerlo.

Indignado por las respuestas de los niños, le preguntó al profesor:

—¿Qué ha estado enseñando aquí? ¿Qué clase de escuela es esta? ¿Cómo explica esto?

El profesor respondió en tono suplicante:

—De verdad, señor, estos niños pueden parecer traviesos, ¡pero *nunca* romperían ese arco! Confío plenamente en ellos. Por favor, créame.

El inspector pensó que se estaban burlando de él y fue a ver al director. Al entrar en la oficina de este, preguntó:

—¿Qué clase de escuela está dirigiendo? Vine para asegurarme de que los niños recibieran sus clases adecuadamente. Cuando he hecho una pregunta sencilla, «¿quién rompió el *tryambaka*?», ninguno pudo responder. ¡Lo más asombroso es que ni el profesor de la clase lo sabe! ¿Cómo espera que permita que su escuela pase la inspección?

La respuesta del director fue aún más escandalosa. Respondió enérgicamente:

—¡Cómo se atreve a acusar a los niños de mi escuela! Ellos *nunca* romperían el arco de Rāma. No son tan destructivos.

Esa historia puede parece exagerada, pero sirve como ejemplo de cómo mostramos la ignorancia de nuestro Ser cuando llega el momento de la inspección divina. Y lo peor es que muchos desconocemos nuestra ignorancia. ¿Cómo podemos erradicar esa ignorancia? Entregándonos a un verdadero maestro como Amma.

La forma de actuar del maestro a veces puede resultar extraña y desconcertante. Recuerdo algo que sucedió hace varios años. Era la víspera de mi iniciación ceremonial al *sannyāsa*, el voto final de renuncia. Los demás brahmacārīs que iban a ser iniciados y yo estábamos ayunando y cumpliendo un voto de silencio, como había indicado Amma. El día se convirtió en noche mientras seguíamos preparándonos mentalmente para ese sagrado momento. Mientras la noche avanzaba, yo seguía despierto. Los pensamientos sobre la entrada en el camino del *sannyāsa*, los procedimientos ceremoniales que implicaba y las responsabilidades que suponía eran lo que más me preocupaba.

Aproximadamente a las doce y media, alguien llamó a la puerta. Cuando abrí, la persona que estaba fuera me dijo:

—¡Rápido, Amma te está llamando!

Me sorprendió. Me pregunté: ¿Por qué me llamará a estas horas? Quizá Amma quiera impartirme algunas instrucciones de última hora sobre determinados aspectos del camino en el que estaba a punto de ingresar. Quizá quiera presentarme a los visitantes distinguidos que han venido al āśram la víspera de esa solemne ocasión. Rápidamente fui a la habitación de Amma y llamé a la puerta. No había nadie. Me puse a buscarla. Pronto me enteré de que había ido a otra parte del āśram, donde había empezado la «Operación Limpiar el Tanque Séptico». Cuando me acercaba al lugar, oí la voz de Amma. Cerré los ojos, creyendo que estaba oyendo su voz por medio de mis sentidos interiores, pero no era así. Ahora ya estaba muy cerca del tanque séptico. Cuando miré, vi a Amma de pie dentro, mirando hacia arriba y sonriéndome dulcemente. Había algunos más dentro del tanque con Amma. Allí no había invitados distinguidos. Amma dijo:

—¡Oh, aquí estás! Te estaba buscando. Ahora, ven a ayudarme.

Amma estaba limpiando el tanque séptico, que estaba lleno y casi se desbordaba, despidiendo un olor nauseabundo. Aunque ya había hecho alguna sēva similar, nunca pensé que tendría que volver a hacerlo. El mal olor y lo que veía me repelían muchísimo, pero no había escapatoria. Bajé lentamente y con aprensión al tanque séptico para unirme a Amma, que inmediatamente me dió un cubo y empezó a llenarlo de excrementos. Mientras sostenía el cubo lleno y me preguntaba qué hacer con él, Amma me miró y me preguntó por qué no se lo estaba dando a la persona que estaba fuera del tanque. El cubo estaba chorreando. ¿Cómo lo iba a levantar por encima de la cabeza y dárselo a la persona de afuera sin derramar el repulsivo contenido sobre mi cabeza? Incluso se me ocurrió devolverle el cubo a Amma. Sin embargo, por su gracia pensé mejor y pasé el cubo. A medida que avanzaba el trabajo y el tanque séptico estaba más limpio, noté que mi carga se volvía más ligera. Finalmente, el trabajo quedó hecho.

Aunque no me presentaron a ningún invitado distinguido, era consciente de la abrumadora proximidad de Amma, la distinguida maestra. Había sido bendecido con la extraordinariamente buena fortuna de ser guiado y bendecido por Amma en la víspera de ese importante hito de mi vida. Solo el cielo sabe la felicidad y el júbilo que experimenté esa noche.

El Señor Kṛṣṇa dice:

yattadagrē viṣamiva pariṇāmē'mṛtōpamam
tatsukham sāttvikam
prōktamātmabuddhiprasādajam

La que es como veneno al principio, pero como néctar al final:
esa felicidad se define como sáttvica, nacida de la transparencia del intelecto procedente del Autoconocimiento. (*Bhagavad Gītā*, 18.37)

Amma ha dicho: «Un aspirante espiritual debe realizar todas las acciones con ecuanimidad mental, dejando a un lado sus preferencias personales. Quieres y sientes cariño por un niño encantador y guapo, pero sientes aversión por un niño feo, que ha nacido en una casta baja. Esas diferenciaciones son frecuentes entre las personas mundanas, que viven en el mundo de los gustos y las aversiones. Recordad que el único objetivo de vuestra vida es trascender esas distinciones, todos los gustos y las aversiones».

Una vez, cuando Rāma y Sītā estaban exiliados en el bosque, Sītā vio un loro verde esmeralda de exquisita belleza. Intuyendo tal vez su divinidad, el loro se dejó capturar por Rāma. Ese se lo dio a Sītā, que sonreía alegremente por la captura de esa presa. Contempló maravillada la belleza multicolor del loro, y después le preguntó a su señor cómo debían llamarlo. Después de pensarlo un momento, Rāma dijo: «Kaikēyī».

La madrastra de Rāma, Kaikēyī, había sido la fuerza impulsora que consiguió que fuera desterrado de

Ayōdhyā. Había insistido tenazmente para que Daśaratha le dejara el trono de la dinastía lunar a su hijo, Bharata, y no a Rāma, que era el heredero y el hijo mayor. A pesar de todas las dificultades que había tenido que soportar a causa de la obstinación y la animosidad deliberadas de Kaikēyī, Rāma no tenía el menor resentimiento contra ella. Cuando se le dio a conocer la decisión en la víspera de su coronación, Rāma la aceptó con la mayor ecuanimidad. Verdaderamente veía la mano divina en todo lo que le sucedía. Que pudiera pensar en Kaikēyī, la artífice de sus dificultades y tribulaciones, relacionándola con una belleza excepcional, y además no encontrándose él entonces a la vista de todo el mundo y que por ello se pudiera decir que tenía la guardia baja, demuestra muy claramente que nunca cayó bajo el dominio de los gustos y las aversiones. Su amor era divino, es decir, sin ningún opuesto polar.

Que cada uno de nosotros sea como un grano de arena, dispuesto a aceptar silenciosamente cada pisada con una sonrisa, como un humilde servidor. La Madre Tierra lo acepta todo con paciencia. Esa debe ser la actitud de una persona que desee conocer a Dios.

Capítulo 5

«¿Quién es la mujer que está de pie debajo del árbol?»

«¡Oh, Señor, dame penas y sufrimiento! Solo entonces podré recordarte constantemente».

No hay muchas personas que puedan rezar así. Se necesita madurez, sabiduría y una fortaleza inmensa para ver el lado positivo de la oportunidad espiritual que se esconde tras los nubarrones del sufrimiento. Esa fervorosa oración brotó del corazón de Kuntī, la madre de los Pāṇḍavas. Reconocía que los problemas de la vida eran inevitables y podían encender la llama de la devoción en el corazón humano. Para ella eso no era una mera doctrina, sino que se basaba en la experiencia personal.

Los Pāṇḍavas habían sido sometidos a una larga serie de pruebas y tribulaciones que culminaron en la guerra del Mahābhārata, y el Señor Kṛṣṇa había sido su fiel compañero en todas las batallas. Durante el *Rājasūya Yajña*, lavó los pies de los invitados y limpió los desperdicios de las hojas de comida que se desecharon. Cuando Duśśāsana, instigado por Duryōdhana, había humillado públicamente a Pāñcālī, la esposa de los Pāṇḍavas, Kṛṣṇa había protegido su recato. Kṛṣṇa había estado al lado de los Pāṇḍavas durante los doce años de estancia en el bosque y el año que tuvieron que permanecer de incognito. En cuanto hubieron vencido a todos sus enemigos y recuperado el reino, que era legítimamente suyo, Kṛṣṇa se había ido a Dvāraka. Para la madre Kuntī, su partida simbolizó una lección importante: que Dios está más cerca de sus devotos en los momentos de necesidad y desamparo; de ahí, su súplica vehemente al Señor Kṛṣṇa para que le enviara la bendición de la tristeza y el sufrimiento.

Dada la inevitabilidad de los problemas, no hay que perder tiempo preguntando «¿por qué me está pasando esto?». Al dejarnos abrumar por un problema nos creamos un sufrimiento innecesario. Pensamos que nada es más importante que nuestros problemas. En lugar de abordarlos inteligentemente, damos una importancia excesiva a las trivialidades, convirtiendo así un grano de arena en una montaña. Hacer eso es como darle leche a una serpiente: tarde o temprano nos morderá. En lugar de darle fuerza al problema, hay que neutralizar su peso.

Un problema es como una cebolla. Cuando pelamos una capa tras otra, al final vemos que no queda nada de la cebolla. Del mismo modo, si analizamos cualquier problema de la vida con una cabeza clara, pronto encontraremos que no queda nada del problema. En otras palabras: donde hay un problema, siempre hay una solución. Solo tenemos que abordar la situación con la actitud adecuada. Preocuparse por los problemas es como sentarse en una mecedora: se mueve mucho, pero no va a ninguna parte.

En 1995, Amma me pidió que me hiciera cargo del āśram de Mumbái. Cuatro años después, la apretada agenda de programas empezó a perjudicarme la salud. Empecé a sufrir distintos trastornos; pero sobre todo estaba fatigado mentalmente. Quería regresar a Kēraḷa y le pregunté a Amma si podía hacerlo. Dijo que no, aunque se lo rogué reiteradamente. Al cabo de un tiempo, en respuesta a mis continuas súplicas, lo único que dijo fue: «Amma te lo hará saber». Me sentía derrotado y abatido.

Un día, mientras miraba hacia abajo desde mi habitación del āśram de Mumbái, vi a un brahmacārī realizando una *ārati* en el templo Brahmasthānam. De alguna manera, la visión de las pastillas de alcanfor ardiendo, reducidas a nada, me inspiró a componer un bhajan. El resultado fue «*Karppūradīpam*»:

karppūradīpam tozhutu nilkkumbōḷ
uḷḷattileṅgō ñān mōhiccu:
ammē, dēvī, amṛtavarṣiṇi,
karppūramāyirunnenkil, ñānā
karppūramāyirunnenkil!

Mientras estaba de pie en oración ante la lámpara en la que ardía el alcanfor, surgió un deseo de algún lugar muy profundo dentro de mí. ¡Oh Madre, oh Diosa que derramas el néctar de la inmortalidad, ojalá fuera yo el alcanfor!

sādhakanallivan ammē, janma –
vēdanayenne grasippū.
nīrum manassinnorāśvāsam ēkuvān
tūmandahāsam pozhikkū, māyē,
tūmandahāsam pozhikkū!

Oh Madre, no soy un aspirante espiritual. Los dolores de la vida me atrapan. Oh Diosa de la Ilusión, irradia tu sonrisa encantadora para que

> mi ardiente mente pueda disfrutar de algún consuelo, irradia tu encantadora sonrisa.
>
> *bhōgāśayērunnu nīḷē – pinne*
> *tyāgāśayētumēyilla.*
> *kālam vṛthāvilāvunnu dayāmayī,*
> *cārattaṇayāttatentē, dēvī,*
> *cārattaṇayāttatentē?*
>
> El deseo de disfrutar sigue brotando constantemente, sofocando el deseo de renuncia. El tiempo se está acabando, oh Compasiva. ¿Por qué no vienes a mí, oh Diosa? ¿Por qué no vienes a mí?

En esa época solo podía ir a Amṛtapuri una vez cada tres o cuatro meses. Cuando hube acabado de componer el bhajan, en la siguiente visita a Amṛtapuri lo grabé. Una vez más, le supliqué a Amma que reflexionara sobre mi solicitud de regresar a Kēraḷa, pero recibí una respuesta negativa. Me volví a Mumbái, sintiéndome más abatido que nunca.

Un día, mientras recitaba el Laḷitā Aṣṭōttaram (Los ciento ocho atributos de la Madre Divina) en el āśram de Mumbái, uno de los mantras me impresionó especialmente:

> *om candraśēkhara bhaktārthi bhañjanāyai namō namaḥ*

> Adoramos a la Madre Divina, que destruye la aflicción de los devotos que adoran al Señor Śiva (77).

Śakti, el principio de la energía pura, no está separado de Śiva, el principio de la conciencia pura. Por tanto, quien adora a Śiva también complace a Śakti, personificada como la Madre Divina. La única manera en que podía conmover a Amma ante mi difícil situación era satisfaciéndola a Ella. ¡Decidí que lo haría adorando al Señor Śiva!

Durante los siguientes cuarenta y un días, realicé personalmente la pūja en el templo Brahmasthānam, ante el asombro de los devotos, que se preguntaron por qué me recluía en el sanctasanctórum durante horas. También ayuné a menudo durante ese período. Nunca le conté a nadie el motivo; era una cita sagrada entre la Madre Divina y yo. Mientras estaba sentado en el santuario, primero recitaba los ciento ocho atributos de Amma. Después, recitaba estrofas sagradas para invocar la gracia del Señor Śiva y rezar sinceramente con devoción. Finalmente, recitaba los ciento ocho atributos del Señor Śiva acompañados de la ofrenda de ciento ocho hojas triples del árbol de bilva (que se piensa le gustan al Señor Śiva) debidamente sumergidas en agua mezclada con polvo de sándalo rojo. Recé de todo corazón en cuerpo y alma, y concluí los cuarenta y un días de adoración.

Uno o dos días después, mi teléfono sonó alrededor de la media noche. Era Amma, que dijo:

—Hijo, estaba escuchando la grabación de «*Karppūra-dīpam*» y pensé en ti. Por eso te he llamado.

La voz de Amma estaba llena de amor y compasión. Algún instinto me dijo que si le presentaba mi caso en ese momento, transigiría.

Le pregunté:

—Amma, ¿puedo decirte algo?

—¿Qué es, hijo mío? —preguntó Amma, con la voz llena de compasión maternal.

Entonces Le abrí el corazón: Le hablé de lo infeliz que era en el āśram de Mumbái y de los trastornos de salud que estaba sufriendo constantemente. Le supliqué que me permitiera regresar a Kēraḷa.

—Está bien, hijo, regresa y hazte cargo de los āśrams de Pālakkāṭ y Triśśūr —dijo Amma.

Mirando hacia atrás, me parece que fue solo la gracia divina la que me abrió los ojos a una «estrategia» para ablandar el corazón de la Madre Divina, allanando así mi camino de regreso a Kēraḷa. Aunque me resultaba difícil permanecer lejos de la presencia física de Amma, obedecí sus instrucciones de no moverme de Mumbái. Sin embargo, dediqué tiempo y energía a rezar con fervor. Creo que la sinceridad de mis oraciones conmovió el corazón de Amma, y por eso me ayudó a conseguir el traslado desde Mumbái.

En el capítulo anterior se ha dicho que la mente en sí misma es inerte, pero nos sentimos confundidos por el ovillo de pensamientos y conceptos erróneos con que la alimentamos. El *Yōga Vāsiṣṭha* señala irónicamente: «El que dice que fue destruido por la mente, que no tiene absolutamente ninguna sustancia, está diciendo que un pétalo de loto le aplastó la cabeza. Decir que la mente —que es inerte, tonta y ciega— puede dañarnos, es como decir que nos hemos tostado por el calor de la luna llena».

Había un hombre que disfrutaba enseñándole a su perro trucos novedosos. Un día, pensó en enseñarle el alfabeto inglés y después unas pocas palabras que se pudieran hilar para formar frases sencillas. Tuvo un éxito considerable. Un día, cuando sacaron al perro a dar un paseo, vio un letrero en la verja de una casa particular. El perro corrió entusiasmado hacia la verja y, usando las patas delanteras, se levantó para leer el letrero. El dueño lo miró asombrado, hasta que vio una expresión de abatimiento en la cara de su mascota. En cuestión de segundos, le estaban cayendo lágrimas de los ojos. Fue entonces cuando el dueño se fijó en el cartel: «No se admiten perros».

Igual que los planes educativos del hombre para su perro, nuestras iniciativas mal concebidas a menudo causan problemas. El otro error que produce un sufrimiento innecesario es darle una importancia excesiva a las opiniones de los demás. Amma dice: «Nuestra mente no debe ser controlada por la lengua de los demás. Quejarse de que la gente nos critica es como quejarse de una picadura de mosquito. Esa es la naturaleza de los mosquitos. Si tenemos una comprensión correcta, nunca nos molestarán las ideas erróneas de los demás».

Una vez, un príncipe indio cayó accidentalmente por la borda cuando viajaba en barco. Un pasajero irlandés lo rescató. El príncipe, que era muy rico, le ofreció al irlandés una recompensa por salvarle la vida. Su salvador la rehusó, pero, cuando el príncipe indio insistió, el irlandés dijo:

—De acuerdo. Cuando visites Dublín, me puedes conseguir unos clubes (palos, en inglés) de golf.

Unos meses más tarde, quedaron en Dublín. El príncipe dijo, disculpándose:

—Lo siento, debes de pensar que soy un ingrato, pero estoy teniendo problemas para comprarte los clubes de golf. No he podido comprar el Club de Golf Portmarnock de ninguna manera. Ahora estoy intentando comprar el Dollymount, el Hermitage y uno o dos clubes más. Mientras tanto, he comprado sesenta hectáreas de terreno. En cuanto terminen los procedimientos legales, me aseguraré de que preparen el campo de golf cuanto antes.

Hay innumerables malentendidos como este. Cuando le preguntaron a un simplón sobre un malentendido (misunderstanding en inglés), pensó que el que le hablaba se refería a una señorita (miss) de pie debajo (under-standing) de un árbol, y quería saber quién era. ¡Quien quiera que sea, déjala sola! Si no nos preocupamos demasiado por los malentendidos, ellos también nos dejarán en paz.

Una historia que se cuenta a menudo es la de un santo muy respetado que vivía solo en su monasterio. Era conocido por sus inmaculadas virtudes espirituales, y su admirable reputación llegaba a todas partes. En el vecindario había una joven soltera muy hermosa. Un día, la localidad se despertó con la asombrosa noticia de que estaba embarazada. Su padre, furioso, quería saber quién era el responsable del embarazo. Cuando la interrogó, ella se lo atribuyó al santo.

La calumnia sobre el sabio arruinó su reputación y le hizo objeto de una gran cantidad de burlas y humillaciones. Sin embargo, la situación y el ambiente que le rodeaban no le afectaron.

Cuando la joven soltera hubo dado a luz, el padre llevó el bebé al sabio y le dijo:

—¡Aquí tienes el resultado de tus fechorías!

—¿Es así? se limitó a contestar el santo.

Pasaron dos años. La madre soltera, incapaz de soportar más tiempo la culpabilidad, confesó que el padre de su hijo ilegítimo no era el santo, sino un hombre distinguido de la localidad. La gente se llenó de remordimiento por haberse comportado de esa manera tan inapropiada. Los representantes de la localidad acompañaron a la madre soltera y a su padre a ver al santo, y le suplicaron que les perdonara. Le pidieron que les entregara el niño. Una vez más, la respuesta del santo fue lacónica:

—Oh, ¿es así?

En ambas situaciones el santo permaneció ecuánime: la primera, en la que la gente era amenazadora y hostil;

la segunda, en la que las mismas personas estaban arrepentidas y sumisas. Ese es el equilibrio mental que hay que alcanzar si queremos progresar espiritualmente. Un buscador debe esforzarse constantemente por alcanzar ese estado de ecuanimidad.

La vida refleja el conflicto constante entre el bien y el mal. Sin embargo, por fuerte que sea el mal, la verdad acabará prevaleciendo. En última instancia, la fuerza no siempre tiene la razón; es la razón la que tiene fuerza. Hay innumerables ejemplos en los *purāṇas* que sirven de ejemplo de esta ley. Por ejemplo, aparentemente Duryōdhana lo tenía todo de su parte, el ejército más grande, así como a veteranos invencibles y expertos como Bhīṣma, Drōṇa y Karṇa; todo eso apuntaba a una victoria incuestionable para él. Pero lo derrotó un ejército modesto capitaneado por hombres de sustancia moral, íntegra. ¿Por qué sucedió eso? «*Satyamēva jayatē*», «solo la verdad triunfa», es una declaración upaniṣádica inequívocamente proclamada. Esta ley universal regirá siempre, fluya la corriente como fluya. Las nubes pueden ocultar el Sol, pero eso no niega su existencia. Las nubes solo pueden impedir temporalmente que veamos el Sol. En el *Mahābhārata* leemos que a Duryōdhana le influyó el *adharma* (maldad) y se apartó de toda verdad. Solo era cuestión de tiempo que los vientos del *dharma* (rectitud) se llevaran las nubes oscuras del adharma y revelaran el Sol de la Verdad.

Muchos devotos de Amma estaban comprensiblemente conmocionados y angustiados por el torrente de acusaciones que una exresidente del āśram lanzó recientemente contra Ella y algunos de los sannyāsīs más antiguos. Devotos de todo el mundo se congregaron alrededor de la Madre, defendiéndolos a Ella, a los monjes y el āśram. Entre las quejas expresadas clamorosamente por esos devotos, la voz apacible, amorosa y sabia de Amma casi no se oía. Refiriéndose a sí misma y a las actividades del āśram como un libro abierto, Amma recordó entonces que los mahātmās han sido calumniados y perseguidos injustamente desde tiempos inmemoriales. Amma pidió a sus hijos que se abstuviesen de comportarse agresivamente y los animó a tener paciencia, diciendo que la verdad se revelaría tarde o temprano. Parece que el digno silencio que mostró incluso en el momento de su nacimiento es su respuesta preferida ante esas situaciones.

Una vez, el emperador Akbar trazó una línea y le pidió a su sabio ministro Bīrbal que la acortara sin cortarla ni borrarla de ninguna manera. Bīrbal simplemente dibujó una línea más larga al lado de la línea de Akbar. Del mismo modo, la gran nobleza y la trayectoria de la vida de Amma demostrarán, sin ninguna duda, que los mensajes que han estado lanzando sus detractores tienen poco de cierto.

En realidad, la reciente campaña de desprestigio no era la primera que había sufrido Amma. Se Le ha calumniado repetidamente, pero Ella se lo ha tomado con calma y paciencia, perdonando incondicionalmente a sus detractores.

El Señor Kṛṣṇa también fue incomprendido y objeto de mucha censura en su época. Cuando aconsejó a Satrājit, que había recibido del dios Sol la piedra preciosa Syamantaka, que se la entregara al rey Ugrasēna, Satrājit se negó. Dijo que la piedra preciosa le pertenecía legítimamente. El único interés que tenía Kṛṣṇa era el bienestar de la gente. Sabía que la Syamantaka produciría, todas las mañanas, una cantidad enorme de oro que el rey podría utilizar para el bienestar de sus súbditos. Si se quedaba en manos de Satrājit, este acumularía toda la riqueza para sí mismo. Este no hizo caso del consejo. Una cadena de acontecimientos llevó a la muerte de Prasēna, el hermano de Satrājit, que en ese momento se aferraba a la Syamantaka. Satrājit acusó al Señor Kṛṣṇa de matar a su hermano para conseguir la Syamantaka. Aunque finalmente se demostró la inocencia de Kṛṣṇa, este no se quejó ni una vez cuando lo acusaron. La ecuanimidad de Kṛṣṇa fue inquebrantable, igual que la del sabio falsamente acusado de engendrar un hijo.

En el Trētā Yuga, el Señor Rāma no reaccionó cuando oyó en la víspera de su coronación que iba a ser desterrado al bosque. En el Dvāpara Yuga, a Kṛṣṇa se le acusó de todo, desde ser un ladrón a ser un mujeriego. En el Kali Yuga, a Amma y a otros mahātmās se les ha acusado igualmente de delitos que nunca han cometido. La historia ha demostrado claramente que la grandeza no solo atrae ramos de flores sino también críticas. Lo que es interesante es la respuesta característica de los mahātmās ante ambos: el desapego absoluto.

Podemos llegar incluso a decir que los mahātmās provocan las críticas para mostrar a los seres humanos cómo hay que responder en esas situaciones: con amor y ecuanimidad. Posiblemente, hasta las encarnaciones divinas que han honrado la tierra con su sagrada presencia han sido, sin excepción, objeto de hirientes críticas. Eso no se puede atribuir a la ley del karma, porque ni siquiera su nacimiento es fruto de las acciones realizadas en el pasado, a diferencia del nuestro. Del mismo modo que eligieron nacer en la tierra para elevar a la humanidad hasta la Divinidad, han elegido someterse a las críticas fáciles más vulgares que la humanidad es capaz de realizar, aunque solo sea para absorber el veneno que de otro modo destruiría el mundo.

Eso es exactamente lo que hizo el Señor Śiva: se tragó el veneno letal que había salido de la boca de la serpiente Vāsuki cuando los dioses y los demonios batían el mar de leche para obtener el néctar de la inmortalidad. A diferencia de la mayor parte de nosotros, que anhelamos la fama, los grandes gurus, los humildes sirvientes de la humanidad, no aspiran a acaparar la atención. Cuando se enfrentan a la infamia, su conducta irreprochable acaba demostrando su rectitud. Los intentos premeditados de manchar su santo nombre acaban sirviendo para revelar su naturaleza intachable.

Una vez, Amma me dijo: «En una época en la que todo el mundo se burlaba de mí y me criticaba, me reía, divertida, de los detractores porque sabía que mi verdadero estado era de pura dicha».

En otra ocasión, me dijo: «La gente *puede* glorificarnos o difamarnos en cualquier momento, sin ninguna razón.

Esa es la naturaleza del mundo. Pero un conocedor de la Verdad acepta ambos con imparcialidad».

Todo lo que va y viene es transitorio. Para los que han trascendido el nivel empírico, que es con el que estamos familiarizados, la vida mundana adquiere la cualidad de un sueño surrealista. De hecho, para las almas que conocen a Dios el mundo es una ilusión, una pura alucinación, como muestra la siguiente historia del *Yōga Vāsiṣṭha*:

> Había una vez tres príncipes que vivían en una ciudad que no existía. Dos de esos príncipes no habían nacido, y el tercero no había sido concebido. El destino no fue muy amable con ellos, porque todos sus seres cercanos y queridos murieron. Incapaces de soportar el dolor, los príncipes abandonaron su hogar. Caminaron arduamente sin saber adónde iban. El sol ardiente de mediados de verano sobre la cabeza, la arena caliente bajo los pies y las ráfagas de aire caliente por todos los lados conspiraban para extenuarlos. De alguna manera, se arrastraron hacia la sombra de tres árboles, dos de los cuales no existían; el tercero aún no lo habían plantado. Comieron fruta de los árboles para aplacar el hambre, tras lo cual descansaron bajo su fresca sombra.
>
> Al atardecer se pusieron en marcha y siguieron caminando hasta que llegaron a la orilla de tres ríos. Dos estaban secos y el tercero no tenía agua. Los tres príncipes apagaron la sed bebiendo esa agua, tras lo cual disfrutaron de un refrescante

> baño. Después, siguieron caminando hasta que llegaron a una megalópolis que aun no se había fundado. Allí vieron tres palacios de un esplendor inigualable. Dos de esos palacios no se habían construido aún y el tercero ni siquiera tenía paredes. Al entrar en esos palacios, los príncipes vieron tres platos dorados, dos rotos en pedazos y el tercero hecho añicos. Tomando el último plato, los príncipes lo llenaron con noventa y nueve menos cien gramos de arroz, que después cocinaron. Después, invitaron a tres *sādhus* a unirse a ellos para la cena. De los tres, dos no tenían cuerpo y el tercero no tenía boca. Cuando esos santos hubieron comido, los tres príncipes comieron el arroz que sobró. ¡Qué contentos estaban! De esa manera, siguieron viviendo felices y contentos mucho tiempo en esa megalópolis.

Una mente instalada en Dios está libre de ilusión y no se ve afectada por lo bueno o lo malo. El sentido de dualidad es lo que causa la agitación mental. La creencia de que solo hay placer o dolor es atribuible al intelecto, pero hay un estado de gozo que trasciende esas dualidades. Para alcanzar ese estado hay que ir más allá del intelecto. Citando a Robert Louis Stevenson: «Las mentes sosegadas no pueden estar turbadas o temerosas sino que siguen adelante en la ventura o la desventura a su propio ritmo, como un reloj durante una tormenta».

Capítulo 6

«¿Qué pasó con tu tapas?»

La tradición sostiene que cuando se va en peregrinación a Kāśī (Vārāṇasī), hay que renunciar a un deseo. Algunas personas dejan el café o el té, de los que no podían prescindir hasta entonces. La razón de esa creencia es que debilita el dominio que los deseos tienen sobre nosotros. Solo cuando abandonamos nuestros gustos y aversiones lo divino puede fluir a través nuestro sin impedimentos, facilitando así el camino de nuestra liberación espiritual.

Una persona que recientemente fue en peregrinación a Kāśī me dijo que después de volver había dejado la calabaza amarga. De todas formas, no le gustaba, así que no fue un gran sacrificio. Eso es hacer una parodia de una tradición sagrada.

Así se encuentra el mundo actualmente. Hay poca veracidad y bondad. Todo está adulterado, nada es auténtico. Le damos demasiada importancia a las etiquetas. La siguiente historia sirve como ejemplo de esto:

Había una vez un buscador serio que estaba haciendo penitencia debajo de un baniano. Un grupo de monos negros (*karinkurangu*), que estaban en el árbol, no dejaban de molestarle. El asceta lo soportaba todo estoicamente. Finalmente, un mono travieso orinó sobre él. Enfurecido, el asceta rugió:

—¡Que todos os convirtáis en *karinkurangu rasāyanam*[4] en el Kali Yuga!.

---

[4] Medicina tradicional āyurvēdica que se elabora en urgencias extremas con partes del cuerpo del mono negro.

Los monos se asustaron al oír esas palabras. Se dieron cuenta de que la maldición del asceta fructificaría. Sintiéndose abrumados e indefensos, fueron a ver a su jefe, Hanumān.

—Oh, Señor, por favor, protégenos —imploraron—. En nuestra insensatez e ignorancia hemos ofendido a un gran asceta y provocado su ira. Nos ha maldecido a todos diciendo que nos utilizarían como ingredientes para alguna medicina (*rasāyanam*) en el Kali Yuga. ¿Qué pasará con nuestra raza? ¡Por favor, protégenos!

El Señor Hanumān se acercó al asceta para suplicarle en nombre de los traviesos monos.

—Oh, maestro, por favor, perdónalos. No dejes que la raza de monos quede destruida. Ten la bondad de perdonarles sus errores.

Conmovido por las súplicas de Hanumān, el sabio accedió a suavizar la maldición.

—La medicina solo llevará la etiqueta de «karinkurangu rasāyanam». No tendrá nada que ver con los monos —dijo.

Los monos se retiraron muy aliviados.

Esto puede ser solo una historia, pero refleja cómo están las cosas en la actualidad. Nada es auténtico; todo está cubierto de un leve barniz de veracidad o autenticidad. Hace unos años, hubo un artículo de periódico sobre un médico de renombre que, mientras realizaba su consulta privada, exigía que los pacientes que acudían a él pagaran una tarifa considerable, a pesar de ser muy rico. Además, ese médico aconsejaba innecesariamente a muchos pacientes que se sometieran a costosas pruebas radiológicas, independientemente de la naturaleza de su enfermedad. Para verificar el rumor, un periodista fue a ver a ese doctor fingiendo tener un dolor de cabeza. El doctor lo envió inmediatamente a hacerse una tomografía computerizada del cerebro sin evaluar debidamente su problema. La divulgación del hecho por el periodista provocó un interés público considerable. La reputación del médico se hundió. Una oveja negra así puede empañar el nombre incluso de los buenos médicos.

En lugar de criticar contra la oscuridad, Amma prefiere que nos convirtamos en chispas de luz. Su práctica del amor genuino, la compasión y el altruismo brilla como un punto luminoso en esta oscura era de apatía y egocentrismo. Al igual que sus predecesores iluminados, Ella contempla la unidad que hay detrás de la diversidad. Los antiguos sabios declararon: «*Ēkam sat*» («la Verdad es una») y «*Sarvamidam aham ca brahmaiva*» («Este universo entero y yo somos en verdad Brahman»). Los que han sido bendecidos con la experiencia trascendental de «*Ātmabuddhi-prakāśa*», la Luz que ilumina el intelecto, actúan por el bien de todos los seres, viendo en todo su Ser.

Una vez, Amma dijo: «Todas las formas de práctica espiritual están destinadas a modelar el carácter. Si no obtenemos pureza mental, ¿para qué sirven todas esas prácticas?».

Estar con Amma siempre es una experiencia conmovedora. La transformación del carácter y la evolución hacia niveles superiores de comprensión son la marca distintiva del crecimiento espiritual. Amma siempre nos recuerda: «Hay que esforzarse por cultivar buenos hábitos. Solo adquiriendo buenos hábitos se pueden superar los malos». Un antiguo adagio dice: «Si los malos modales son contagiosos, también lo son los buenos hábitos». Eso muestra que la mente es como la tierra fértil: tanto la planta deseada como las malas hierbas pueden crecer en ella. Al igual que un buen jardinero, debemos cuidar la mente tomándonos el trabajo de cultivar y fomentar los buenos hábitos y deshacernos de los malos. Para citar al filósofo y escritor Eknath Easwaran: «Transformar el carácter, la conducta y la conciencia no es un problema moral, es un problema de ingeniería». La importancia de transformar la mente no se puede subestimar. Como dijo Śrī Rāmakṛṣṇa Paramahamsa: «La mente es lo que nos hace sabios o ignorantes, esclavos o libres».

El mensaje de Amma es sensato y práctico. Por ejemplo, a los niños les dice: 1. «Levantaos pronto por la mañana». 2. «Obedeced a vuestros padres». 3. «Comed solo lo que necesitéis». ¡Qué sencillos y, sin embargo, qué prácticos son sus consejos! Cultivar la moderación en los hábitos alimenticios, por ejemplo, no tiene que ver tanto con cuánto debemos consumir, como con utilizar nuestras facultades físicas e intelectuales para ejercitar el control y aplacar los excesos de la mente, haciendo posible así el progreso espiritual. Montesquieu, el escritor y filósofo francés, aludió la importancia de comer moderadamente cuando dijo sarcásticamente:

«El almuerzo mata a la mitad de París, y la cena a la otra mitad».

Cultivar los buenos hábitos y erradicar los malos purifica la mente y, de ese modo, se allana el camino de la liberación espiritual. Amma dice: «Finalmente, hay que aspirar a trascender tanto las malas tendencias como las buenas. A fin de cuentas, la verdad absoluta está más allá de ambas».

En los primeros días Amma llevaba a sus hijos a Kaṇvāśram, una inmensa finca de tierra virgen con colinas, árboles, arroyos y estanques, donde se cree que un maharṣi que se llamaba Kaṇva había realizado intensas prácticas ascéticas y espirituales. Uno de los lugares más pintorescos que hay allí es un baniano al lado del cual está el Viṣṇu Tīrtham, un estanque sagrado que nunca se ha secado, ni en los veranos más calurosos. A menudo Amma elegía un lugar al lado del lago para meditar y nosotros nos agrupábamos a su alrededor, como abejas que buscan el néctar de la dulzura espiritual. Yo me sentía especialmente inspirado por la peregrinación e intentaba sumergirme por completo en la penitencia. Me levantaba temprano y, en la completa oscuridad, caminaba hacia el estanque sin importarme las serpientes y otras criaturas. Después me sentaba durante horas en meditación. Cuando no estaba meditando, paseaba recitando mi mantra o leía el *Bhāgavatam*.

A menudo me quedaba solo en el Kaṇvāśram para meditar. Para mí, el *Bhāgavatam* era más que una fuente de inspiración religiosa; era, literalmente, un pilar de apoyo. Por la noche, siempre que tenía miedo me aferraba a ese libro e intentaba dormir. Cuando se lo conté a Amma, se rió a carcajadas y, durante años, contaba esa historia cada vez que hablaba de «mi valor».

Una noche, en Kaṇvāśram, Amma contó la historia de Śuka. Este era hijo del sabio Vyāsa, el ilustre compilador de los Vēdas y autor de los *purāṇas*, los *Brahmasūtras*, el *Mahābhārata* y el *Śrīmad Bhāgavatam*. El hijo superó al padre en logros espirituales. Su sentido de la renuncia era tan absoluto y su conciencia corporal tan nula que se marchó de casa con las manos vacías y completamente desnudo. Cuando pasó junto a un río donde las ninfas celestiales se estaban bañando, no se cubrieron, porque sintieron su pureza innata, pero en cuanto apareció Vyāsa, se cubrieron pudorosamente. Mirándonos, Amma preguntó:

—¿Quién puede caminar y comportarse como Śuka?

Yo me sentía sumamente inspirado por la templanza de Śuka. Decidido a superar mi sensación de conciencia corporal y a cultivar la templanza, me despojé de toda la ropa... excepto el taparrabos. De ese modo, deambulé sin pudor alguno por el terreno del āśram. Por supuesto, la única razón por la que me atreví a hacerlo era porque apenas había nadie allí aparte de Amma y sus hijos. Desfilé delante de Amma y de los demás, e incluso le dije inocentemente:

—Amma, puedes mirar si quieres. No me importa.

Amma se partió de risa, aunque los demás me abuchearan. Pero mi digna seriedad era tal, que no era consciente de lo cómico que resultaba mi comportamiento infantil.

Unos días después, cuando Amma y sus hijos estaban a punto de regresar a Amṛtapuri, tomé impulsivamente la decisión de no marcharme, sino de quedarme allí y consagrarme a un tapas riguroso. Le comuniqué mi decisión a Amma:

—No voy a regresar contigo ahora. Regresaré solo después de realizar tapas durante cuarenta y un días.

Amma intentó disuadirme:

—Hijo, cuando estás bajo la guía de un guru es el maestro el que decide el camino del discípulo. No es el discípulo el que decide lo que quiere hacer.

No cedí. Sin más demora, me afeité la cabeza preparándome para las «estrictas prácticas ascéticas». Como no veía otra opción, Amma decidió marcharse con todos los demás. Cuando se acercaba la hora de su partida, rompí a llorar. Amma simplemente me dió un hermoso beso en la calva cabeza y se marchó. En cuanto todos se hubieron marchado, comprendí la envergadura de mi decisión. Kaṇvāśram parecía un lugar desolado. No podía imaginar pasar ni una noche allí solo, y mucho menos cuarenta y un días. ¡Y olvídate del tapas! Por lo que podía ver, no tenía sentido vivir sin Amma. De alguna manera pasé la noche. La misma mañana siguiente empecé a caminar de regreso desde Varkala a Amṛtapuri, una distancia de sesenta y ocho kilómetros, ya que no tenía dinero para tomar un autobús. Con la cabeza pelada y la cara embadurnada de ceniza, debía ser un bonito espectáculo para los transeúntes.

Esa noche, tras doce horas de caminata, llegué por fin a Amṛtapuri. ¡Hogar, dulce hogar! Al parecer, Amma ya les había dicho a todos que llegaría en cualquier momento. Y cuando me vieron, todos empezaron a reírse. Fui directamente donde Amma y caí a sus pies.

—Hijo, ¿qué pasó con tu tapas?

Cuando levanté la mirada, vi que su rostro estaba iluminado tanto por la diversión como por una infinita compasión. No dije nada. Había aprendido la lección. Sabía que no podía soportar alejarme de Amma, ni por un instante. Ella era la inspiración y la fuerza que impulsaba cualquier práctica ascética que yo pudiera realizar. Era el alma de mi vida. Sin Ella, nada tendría ningún sentido.

En la India se concede la máxima importancia al «*samskāra*». El término designa la totalidad de los atributos de nuestra personalidad que hemos adquirido como resultado de los condicionamientos durante muchas vidas. También se puede interpretar como el nivel de refinamiento interior o el carácter. Para desarrollar la personalidad de los niños es fundamental cultivar un *samskāra* adecuado. Si la base está firmemente asentada, el niño crece con paso firme, conservando el núcleo de su *samskāra* interior incluso ante los retos de la vida. Se ha observado que el *samskāra* noble de una persona puede influir positivamente en las personas con las que entra en contacto. De la misma manera que una flor irradia su fragancia sobre quien se acerca a ella o la utiliza, el amor interior irradia hacia los demás y se manifiesta como un servicio espontáneo.

Si reflexionamos sobre la maldad que predomina en la sociedad actual, podemos vincularla fácilmente con la degradación del sistema de valores. Un devoto me habló sobre un estudiante de noveno grado que se había suicidado porque no había aprobado los exámenes con notas altas. Nuestro sentido de lo que es importante se ha distorsionado terriblemente. Por eso, Amma recalca la necesidad de educar a los niños con un *samskāra* espiritual desde la infancia. Les enseña a adaptarse a cualquier circunstancia en cualquier momento.

Hubo un matrimonio que fue bendecido con un niño tras años de ferviente oración. Cuando se examinó el horóscopo del niño, el astrólogo advirtió a los padres que el niño empezaría a robar cuando cumpliera los dieciséis años. Naturalmente, el padre, al oír eso, se sintió disgustado. Al cabo de un tiempo, urdió un plan. Empezó a comprar y llevar juguetes a casa; pero, cada vez que el niño intentaba agarrar alguno, el padre fingía ponerse furioso. En realidad, en su corazón no había enojo con su hijo, solo había amor, pero usaba la máscara del enfado para asegurarse de que su hijo nunca recurriría al robo. El padre repitió ese experimento todos los días. Cuando el niño cumplió los dieciséis años, al padre le entró ansiedad. Esa noche, arrastrado por un impulso repentino e inexplicable de robar, el chico fue a una joyería con la intención de sustraer algunos adornos. Pero, en cuanto extendió la mano, recordó el rostro enojado de su padre y la retiró. Por tanto, la disciplina del padre sirvió para desenganchar al hijo de un mal hábito.

Muchos preguntan: «¿Para qué sirve la espiritualidad en la vida?». La palabra sánscrita para espiritualidad es «*adhyātmā*», que significa «relativo al *ātmā* o alma». El Ātmā es el Ser; es el «yo». Por tanto, lo que la gente está realmente preguntando es: «¿Para qué sirve mi Ser?» O «¿Para qué sirve el "yo"?»

En realidad, solo el «yo» es relevante; todo lo demás es irrelevante. Los vedāntin aceptan la existencia de dos entidades: «*aham*» («yo») e «*idam*» («eso», es decir, el universo). El primero es el soporte, y el segundo, lo sostenido; el que ve y lo visto. La espiritualidad es una separación total entre el que ve y lo visto. El que ve (individuo) se da cuenta que él no es lo visto (los objetos del mundo). Ese divorcio espiritual es feliz, positivo y saludable. En él no hay enemistad entre las dos entidades, incluso después de la separación. Una persona como Amma, a quién le ha sido revelado su Ser, sabe que el mundo es surrealista o irreal y, a la vez, está enamorada de todos los objetos del mundo. Ella lo es todo; es una con el universo. Amma es el amor mismo. Convertirse en verdadero amor es la esencia de la vida espiritual.

En una ocasión, Albert Einstein dijo: «Un ser humano es parte del todo que nosotros llamamos "el universo", una parte limitada en el espacio y el tiempo. Se experimenta a sí mismo, sus pensamientos y sus sentimientos, como algo separado del resto; esto es una especie de ilusión óptica de la conciencia. Ese engaño es para nosotros una especie de prisión que nos limita a nuestros deseos personales y al cariño a las pocas personas más cercanas. Nuestra tarea es liberarnos de esa prisión ampliando nuestro círculo de compasión para abrazar a todos los seres vivos y la totalidad de la naturaleza en su belleza». Otro científico galardonado con el premio Nobel, Edwin Schrödinger, dijo: «La conciencia nunca se experimenta en plural, solo en singular».

Los grandes místicos como Amma nos han asegurado, basándose en su propia experiencia, que podemos ver toda la vida como un todo indivisible si desechamos el instrumento de observación fragmentador, es decir, el ego. Nuestro corazón no debe estar cerrado a Amma. Debe convertirse en un santuario santificado por su esplendida presencia. Cuanto más llene Ella nuestro corazón, menos espacio habrá para el ego.

Visitar el āśram de Amma es una celebración. Ella da tanto amor que los devotos se sienten en la cima del mundo. Como hijos de Amma, ¿no debemos ser capaces nosotros también de compartir algo de esa alegría con los demás? ¡Cuánta satisfacción y felicidad hay en compartir!

Una vez, un anciano subió a un autobús abarrotado y buscó un asiento vacío, pero no encontró ninguno. Al ver al hombre mayor, un joven le ofreció su asiento. Ambos experimentaron alegría. Sin embargo, la alegría del joven que le cedió el asiento al anciano superó con creces la alegría del mayor. La alegría de compartir es mayor que la «alegría» del egoísmo, sin duda.

Como Amma señala constantemente, la alegría que nace de hacer una buena acción no se experimenta en el cielo o en cualquier otro lugar, sino aquí y ahora. La devoción a Amma incluye ante todo proporcionar alegría a los demás. Se manifiesta mediante el amor y el servicio.

Nuestro cuerpo adquiere valor por el servicio que damos a los demás. En otras palabras, lo que eleva nuestra vida es cuánto damos, no cuánto recibimos. Amma nos recuerda: «Mientras haces seva, nunca desarrolles el ego. No pienses que vas a mejorar el mundo. Cualquier servicio que hacemos es por nosotros mismos, para nuestra propia expansión». También señala que por cada acción hay un «*dṛṣṭa*» y un «*adṛṣṭa phalam*», literalmente: un «resultado visible» y un «resultado invisible». Volviendo al ejemplo del joven que cedió su asiento al anciano: el «resultado visible» es la alegría que sintió el joven cuando cedió el asiento, y el «resultado invisible» es el *puṇya* (merito espiritual) que obtuvo como resultado de su buen karma. Cada acción que hacemos siembra un dṛṣṭa y un adṛṣṭa phalam.

El *Periya Purāṇam*, el clásico tamil sobre los santos Śaivas del sur de la India, relata un episodio de la vida del santo Sundaramūrti Swāmikaḷ (s. VII-VIII d.C.). El sabio era famoso por sus poderes místicos. En una ocasión, cuando la región que rodeaba el famoso templo de Cidambaram afrontaba una sequía, el príncipe local le pidió a Sundarar que hiciera algo al respecto. El santo rezó inmediatamente, diciendo que si el Señor Śiva hacía llover el príncipe tendría que donarle al templo seis hectáreas de terreno. En cuanto acabó de rezar, empezó un fuerte aguacero. Pero no dejó de diluviar durante muchos días. El príncipe recurrió de nuevo a Sundarar y le suplicó que rezara para que cesara la lluvia. Sundarar le rezó una vez más a su amado Śiva, diciendo que le donarían otras seis hectáreas de terreno a su templo si dejaba de llover. La lluvia se detuvo, y así el templo adquirió doce hectáreas de terreno.

A pesar de su familiaridad con el Señor Śiva, Sundarar era la humildad en persona. Un día, cuando entraba en el templo de Tiruvārūr, vio a un grupo de devotos allí reunidos. Mirándolos, se preguntó cuándo se convertiría en su esclavo. Esa es la cualidad del amor divino, que encuentra satisfacción en servir a los demás. Ese gran devoto del Señor Śiva es un ejemplo de la verdad de que el amor a Dios no es diferente del amor a su creación.

En los primeros tiempos, cada vez que salíamos para los programas, Amma y sus hijos íbamos en transporte público. Solo al cabo de unos años el āśram recibió su primer vehículo, donado por un devoto. Unos años más tarde, otro devoto donó una furgoneta «Swaraj Mazda». En la parte de atrás, el primer asiento de la izquierda, al lado de la puerta, estaba reservado para Amma. Un paño de seda cubría el asiento y todos los demás se amontonaban en cualquier espacio que quedara disponible. En aquél tiempo, yo era la única persona que tocaba el *tabla* y el *mṛdangam*, a los que Amma se refería humorísticamente como «los hijos de Vēṇu». Los cuidaba bien, llevándolos a todas partes, e incluso los «vestía» con una ropa especial.

Una vez, después de un determinado programa, todos se subieron a la furgoneta y esperaron a que Amma viniera. Yo fui el último en subir. En cuanto me subí me fijé en el asiento vacío, por supuesto reservado para Amma. En ese momento me vino un pensamiento: estos instrumentos, que producen sonidos sagrados, son dignos de veneración y respeto. No podía verlos como diferentes de Amma. Sin más, puse el mṛdangam cuidadosamente envuelto sobre el asiento de Amma. ¡Se produjo un alboroto! Todos los residentes del āśram que estaban sentados en la furgoneta protestaron por esa aparente blasfemia, esa desconsideración por el asiento de Amma. Algunos incluso amenazaron con tirar el mṛdangam. Me mantuve firme, negándome a retirar el instrumento.

En ese momento, Amma llegó a la furgoneta.

—Hijos, ¿qué es lo que pasa?

Alguien le contó a Amma lo que había hecho. Enseguida, Amma dijo:

—¿Y qué? El mṛdangam es Amma; es la Diosa Saraswatī misma. Hay que tratarlo con la mayor veneración. Vēṇu-*mōn* (el hijo Venu) no ha hecho nada malo.

Sintiéndome defendido, retiré el mṛdangam y dejé que Amma se sentara en su asiento. Ella había demostrado, una vez más, que entendía la mente de su hijo. No solo eso, Amma había proclamado la verdad sublime de que lo divino está inmanente en todo.

No sería exagerado decir que Amma ha sido la mayor defensora de mi música. A menudo elogiaba mi canto. Casi siempre, cada vez que músicos famosos visitaban el āśram para actuar para Amma, decía:

—Llamad a Vēṇu-mōn. Decidle que venga y cante.

Amma ve a todos como hijos suyos. Es «*carācara jananī*», la madre de todos los seres, móviles e inmóviles. No obstante, muestra una debilidad por sus hijos del āśram, elogiándolos a ellos y sus talentos delante de los devotos que están de visita. A pesar de que es una guru severa, que nunca duda en bajarnos los humos siempre que nos volvemos egocéntricos, también tiene otro lado: el de una madre que está orgullosa de sus hijos. Por su gracia, sus alabanzas y sus elogios nunca me hincharon el ego.

De vez en cuando, ha actuado rápidamente para garantizar que no se levantara la capucha de mi ego. En los primeros tiempos, solía tocar el *tabla* para Amma. A veces me entusiasmaba y tocaba un ritmo demasiado complicado para un simple bhajan. Justo después del bhajan, Amma se volvía hacia mí y me decía en tono serio:

—No hemos venido aquí para convertirnos en grandes cantantes o instrumentistas. Los bhajans son una forma de sādhana. Nos deben acercar más a Dios.

Igualmente, cada vez que sentía que mi canto provenía más del intelecto que del corazón, decía:

—¡Vēṇu, canta desde el corazón! ¡Canta solo para Dios! Esto no es una actuación clásica.

Esa observación, inevitablemente, me hacía avergonzarme.

Y, sin embargo, nunca me ha parecido que Amma invalidara la música clásica o los fragmentos musicales que exigen un nivel elevado de virtuosismo técnico. Como con cualquier otro hecho, se fija en la intención que hay detrás del acto. A menudo me ha pedido que cante «*Sāmagāna Priyē*», una de mis composiciones en vasanta *rāga*, y otras canciones que son del género de la música clásica india y que, por tanto, exigen el conocimiento de los matices de los rāgas y un nivel de ejecución técnica característico de otras composiciones clásicas. En algunas ocasiones, al terminar de cantar, Amma ha aplaudido, incluso mientras daba darśan. Pienso que podría haber sido porque estaba tan absorto en el canto que me volvía ajeno a mi entorno.

En cualquier caso, la música puede elevar al músico y al público a alturas sublimes. Incluso un músico que intenta alardear de su habilidad y estilo descubrirá que su ego se disuelve en los momentos en que la música toca el corazón del rāga: tal es el poder y la gloria de la música.

«*Samatvam yōga ucyatē*», «la ecuanimidad es el yoga» (*Bhagavad Gītā*, 2.48). Amma se hace eco de ese aforismo cuando dice: «También debemos ser capaces de ver todo como formando parte del principio divino. Entonces solo puede reinar la plenitud. Hay que ser capaz de ver la bondad en todo. Las abejas solo ven el néctar en las flores y se lo beben. No se quejan de las espinas que hay en el rosal. Como las abejas, los que ven el lado más brillante de todo tienen la posibilidad de trabajar para lograr el conocimiento de su Ser. La actitud de ver a los demás como el Ser es, de hecho, el estado de conocimiento. Igual que no castigamos a nuestros ojos cuando no ven un tronco en el que tropezamos y nos caemos, debemos ser capaces de pasar por alto y soportar los defectos de los demás, ya que no son diferentes de nosotros mismos. Ese es el estado de conocimiento».

«Señor, concédeme que no busque tanto ser amado como amar», rezaba San Francisco de Asís. Para nosotros, amar es una sādhana mientras que para los seres iluminados es una *siddhi*, un hecho consumado. Como ya hemos dicho, a veces Amma llora cuando ve el sufrimiento de los demás. No es que su mente se haya vuelto emocional, como la nuestra. La mente del alma evolucionada es como un espejo. El reflejo del dolor del devoto no altera el espejo, al igual que el vuelo de un pájaro no deja un rastro en el cielo. De la misma manera, Amma no sufre el impacto de la tristeza o el dolor de los demás sino que solo lo refleja. Ella es, de hecho, la dicha en persona. Me vienen a la mente las frases del Ācārya Śankara en el *Bhaja Gōvindam*:

yasya brahmaṇi ramatē cittam
nandati nandati nandatyēva

Solo aquel cuya mente se deleita constantemente en Brahman disfruta de la dicha plena. (20)

Cuando Rāmānuja, santo y principal exponente del *viśiṣṭādvaita* (la filosofía del no dualismo limitado), estaba a punto de ser iniciado en un mantra sagrado, su guru le advirtió que no se lo revelara a nadie más. Si lo hacía, Rāmānuja se condenaría al castigo eterno, mientras que el receptor del mantra disfrutaría de la dicha celestial. En cuanto fue iniciado en el mantra, Rāmānuja se fue rápidamente al patio del templo y, llamando a todo el mundo, les reveló el mantra sagrado: «*ōm namō nārāyaṇāya*». Su guru fingió que se enfurecía y pidió a Rāmānuja que le explicara su desobediencia. La respuesta de Rāmānuja fue que si con su propia condena podía garantizar la salvación espiritual de los demás, estaba dispuesto a hacerlo.

Así es el ardiente amor que los santos sienten por la humanidad. No tiene fin. En el *Vivēkacūḍāmaṇi*, Śankarācārya describe al guru como: «*ahaituka dayā sindhu*», «aquel cuya compasión infinita no tiene razón alguna» (33).

En sus primeros tiempos, Amma deambulaba en éxtasis estrechando entre sus brazos los árboles y las plantas, abrazando la arena y el agua del mar. Ella ve a todos los seres, incluso a los animales y los insectos, como extensiones de su Ser puro. Amma nos muestra que no hay límite en nuestra capacidad de amar. Debemos elevarnos al nivel de amar universalmente; es decir, llegar a ser uno con el amor mismo. Mediante su propia experiencia, Amma ha percibido que la verdadera naturaleza del mundo es Brahman, «*prapañcasvarūpam brahma*».

El famoso escritor ruso Fyodor Dostoyevsky dijo, memorablemente: «Ama todo lo que ha sido creado por Dios, tanto el todo como cada grano de arena. Ama cada hoja y cada rayo de luz. Ama las bestias y los pájaros, ama las plantas, ama cada fragmento por separado. Comprenderás el misterio de la totalidad que descansa en Dios».

Cuando observamos la naturaleza, podemos ver en ella la extraordinaria característica de la expansión espontánea. La hierba no intenta crecer; simplemente crece. Las flores simplemente florecen y los pájaros simplemente vuelan. El Sol brilla naturalmente y las estrellas parpadean sin esfuerzo. La inteligencia de la naturaleza funciona espontáneamente y sin esfuerzo, porque toda la naturaleza se mantiene unida por la energía del amor.

Amma dice: «Hijos, solo conocéis el amor en el mundo exterior, entre dos seres humanos; pero para Amma no hay límite en el amor que fluye de Ella hacia todos los seres del universo. En el mundo exterior, las personas se aman entre sí por sus propios intereses egoístas. El amor de Amma no espera nada a cambio. Si queréis amar, hacedlo abiertamente. Si hay amor, debe ser abierto y puro».

Swāmi Rāma Tīrtha narra una historia sobre la necesidad de desearles el bien a los demás. Una vez, un asceta le dio a un mercader un objeto mágico que podía satisfacer cualquier deseo. Pero había una trampa: su vecino obtendría el doble de lo que el devoto pidiera. El hombre pronto consiguió dinero, elefantes, caballos, ganadería... y su vecino obtuvo el doble de toda esa riqueza. Para el mercader eso era más de lo que podía aguantar. Después de reflexionar un poco, se le ocurrió un plan. Pidió perder un ojo. Su deseo se cumplió, y su vecino perdió ambos ojos. Después deseó que se le rompieran un brazo y una pierna. El resultado fue que ambos brazos y piernas de su vecino se rompieron. A pesar de su propia disfunción, el hombre se regodeaba en el sufrimiento de su vecino. Poco después, el hombre enfermó y todo su cuerpo se paralizó. Ya no podía usar la mano y la pierna que antes eran funcionales, y también perdió la visión del único ojo con el que podía ver. Intentó usar el objeto mágico para curarse, pero le dijeron que no era posible, ya que eso significaría que su vecino obtendría cuatro ojos, manos y piernas. En un punto muerto, el hombre no tuvo más remedio que pedir un ojo bueno, una mano buena y una pierna buena. Simultáneamente, su vecino se recuperó por completo. El mercader tuvo que aguantar sus deformidades el resto de su vida.

Filosóficamente hablando, los seres humanos se pueden clasificar en cuatro categorías: 1. los que solo tienen desarrollado el cerebro; 2. los que solo tienen desarrollado el corazón; 3. los que no tienen desarrollado ni el cerebro ni el corazón; 4. los que tienen el corazón y el cerebro igual y complemamente desarrollados. Las personas como Rāma, Kṛṣṇa, Amma, Ramaṇa Maharṣi y Jesucristo pertenecen a la última categoría.

Hace unos treinta años, se produjo un incidente conmovedor en Amṛtapuri. Es la historia de cómo una familia se hizo ferviente devota de Amma. Los padres tenían dos hijos que se querían mucho. Si el hermano pequeño estaba enfermo, el mayor lo cuidaba bañándolo y dándole de comer. Un día, el hermano menor murió repentinamente a causa de una hemorragia cerebral. Eso conmocionó a toda la familia, especialmente al hermano mayor, que se volvió mentalmente desequilibrado después del suceso. Empezó a actuar de una manera extraña, y sus padres estaban muy apesadumbrados. Una noche, la madre soñó que una mujer vestida de blanco estaba de pie delante de ella, y junto esa mujer estaba el hijo fallecido. Esa mujer le hizo una señal a su hijo mayor para que se acercara y, cuando se acercó, le dijo que la mirara a la cara y sonriera. Él la miró a la cara y sonrió. Así terminó el sueño. La madre se despertó sonriendo. Más tarde, le contó el sueño a su esposo, pero ambos lo desecharon como un sueño sin importancia. Sin embargo, el sueño se repitió durante los siguientes cuatro días, lo que les llevó a pensar que tenía que tener un significado.

Un día, poco después de esos sueños, mientras la familia estaba volviendo a casa en autobús, se les acercó una mujer y empezó a hablarles sobre Amma y el āśram de Vaḷḷikkāvu. Cuando lo oyeron, sintieron un deseo profundo e inexplicable de ir a conocer a Amma y ver el āśram. Al día siguiente mismo fueron a Amṛtapuri.

Cuando llegaron al āśram, Amma estaba dando darśan a los devotos. En cuanto llegaron a la entrada de la cabaña del darśan, Amma los llamó y le pidió al hijo mayor que la mirara a la cara y sonriera, tal como había hecho en el sueño de la madre. El chico hizo lo que Amma le había dicho y se curó completamente. La familia se volvió fervientemente devota de Amma.

¿Cómo podemos explicar eso? Así es la *śakti* o poder de un mahātmā. Puede hacer cualquier cosa. Nosotros también podemos alcanzar ese estado si nos dedicamos al conocimiento de Dios en lugar de desperdiciar la energía en actividades triviales.

Una vez que Jesucristo invitó a un hombre a seguirle, este se negó, diciendo que primero tenía que enterrar a su padre, que acababa de fallecer. Entonces Cristo le dijo:

—Deja que los muertos entierren a sus muertos, pero tú ve a proclamar el reino de Dios.

Por «muertos», Cristo se estaba refiriendo a las personas que no están vivas para el Espíritu, es decir, los que no siguen ninguna disciplina espiritual. Al pedirle a ese hombre que proclamara el reino de Dios, Cristo estaba pidiéndole que tomara el camino espiritual y descubriera a Dios. El hombre escuchó sus palabras y se hizo discípulo de Cristo.

La meditación y las acciones desinteresadas son complementarias. Al realizar acciones desinteresadas, se profundiza en la meditación. Cuanto más profunda se vuelve la meditación, más podemos aprovechar las reservas de energía para amar y ayudar a los demás.

Śrī Rāmakṛṣṇa solía cantar estas frases de un himno popular bengalí:

> Sumérgete profundamente, oh mente, sumérgete profundamente
> en el mar de la belleza de Dios.
> Si desciendes hasta profundidades extremas,
> allí encontrarás la joya del amor.

Capítulo 7

«¿Te adoran todos?»

Imagina la inocente sonrisa de un niño; es una expresión de felicidad y satisfacción. La naturalidad y la espontaneidad de la sonrisa no reclaman nada y, sin embargo, tocan el corazón de quien la contempla. Tal es su pureza. Verdaderamente, no hay nada tan encantador como la inocencia.

La espontaneidad de Amma indefectiblemente encanta y conquista hasta a los cínicos más cáusticos. Una vez, después de aterrizar en la India al llegar de una gira por el extranjero, al salir del aeropuerto vio una muchedumbre, en su mayor parte de devotos, pero también con algunos periodistas. Amma juntó las palmas de las manos como en plegaria y sonrió cariñosamente a las masas. Un periodista curioso le preguntó intencionadamente, aludiendo a las personas que la miraban con una manifiesta veneración:

—¿Todos te adoran?

—No, Yo los adoro a ellos —respondió Amma sin perder el paso y con las manos todavía en actitud de plegaria.

Esa no fue solo una brillante réplica. Fue una frase sencilla que expresaba en pocas palabras la filosofía de Amma. Como hemos explicado anteriormente, Ella ama y adora a todos porque los ve como su Ser, como Dios. Su sensibilidad con todo, sea vivo o inerte, es algo natural en Ella, y eso es lo que hace de Amma una de las maestras espirituales más grandes de todos los tiempos.

Amma es una causa de asombro para muchos, tanto en Oriente como en Occidente. La cobertura informativa de sus programas a menudo refleja una sensación de asombro ante la resistencia espectacular que le permite dar darśan a miles de personas diariamente. El *Münchner Merkur*, un periódico alemán, publicó un artículo sobre Amma. A continuación reproducimos un fragmento traducido del artículo:

> Incansablemente, la mujer chiquitita vestida de blanco abraza a una persona tras otra sobre su pecho, susurrando algo reconfortante en el oído de cada uno. Siempre está sonriendo... Abraza a más de quince mil personas al día, todos los días. Casi nadie es capaz de poner en palabras lo que le sucede cuando recibe el abrazo de Amma.

La falta de cansancio es una expresión no solo de su amor incondicional, sino también de la dedicación y entrega total a su misión de amar y servir a los demás. Ella mantiene el mismo formato en todos los programas: bhajans, meditación, *mānasa pūja* (oración mediante la visualización) y darśan. En sus satsangs también incluye una oración que los presentes repiten después de Ella:

> *śakti tā jagadambē, prēmam tā jagadambē,*
> *viśvāsam tannenne rakṣikku jagadambē*
>
> Oh, Madre del Universo, dame fortaleza y amor.
> Dame fe, y, así, protégeme.

Es una oración pidiendo devoción y entrega. Una de las estrofas más celebradas de la Bhagavad Gītā anima al devoto a entregarse a Dios sin reservas:

sarvadharmān parityajya māmēkam śaraṇam vraja
aham tvā sarva pāpēbhyō mōkṣayiṣyāmi mā śucaḥ

Abandonando todos los dharmas, refúgiate solo en Mí.
Te libraré de todos los pecados. No sufras. (18.66)

Esa es la garantía que le da el Señor Kṛṣṇa a Arjuna, que representa a todos los jīvas. De ese modo, la garantía del Señor es válida para cada uno de nosotros. Diciendo «renunciad a todos los dharmas», Kṛṣṇa no se refiere a que debamos abandonar toda acción o que debamos renegar del dharma. El dharma es la ley de nuestro Ser, lo que hace que un objeto sea lo que es. Por ejemplo: el calor es el dharma del fuego y el dulzor el dharma del azúcar. Si el fuego fuera frío y el azúcar fuera ácido, no serían fuego o azúcar. El dharma de la humanidad es la conciencia divina, es decir, la Verdad.

¿Es eso lo que el Señor nos está pidiendo que dejemos? No puede ser. El hecho de que haya utilizado la forma plural de la palabra («dharmas») es revelador. Todos nos identificamos con el cuerpo, la mente y el intelecto y, por eso, nuestra sensación de quiénes somos está fuertemente ligada a esas identificaciones limitadas. Ese sentido compuesto de la individualidad no es más que el ego. Lo que el Señor Kṛṣṇa quiere que abandonemos son esas identificaciones secundarias con el cuerpo, la mente y el intelecto. Cuando lo hacemos, abandonamos efectivamente el sentido de ser el «hacedor» o el agente.

La idea es que el desempeño de nuestros deberes no es lo fundamental en el esfuerzo espiritual, ya que al dedicar todas las acciones a Dios («refúgiate solo en Mí») podemos obtener *īśvara-kṛpā*, la gracia divina. Amma insiste a menudo en esa idea en sus charlas: la necesidad de trabajar con toda seriedad y esforzarse constantemente por la gracia. Esa actitud devota nos ayuda a realizar cualquier clase de tarea mientras nos mantenemos enfocados en el dharma definitivo de la liberación.

El fantasma del hacedor domina a todos excepto a algunos seres excepcionales. Śrī Ramaṇa Maharṣi explica por medio de la analogía de un *gōpuram*, la torre de un templo, cuán ridículo es el concepto. En la base de algunos gōpuram hay una figura esculpida que parece cargar el peso de toda la torre sobre los hombros. La verdad, por supuesto, es que la torre descansa sobre sus cimientos, que penetran profundamente en la tierra. Igualmente, la persona que piensa que hace esto o lo otro tiene delirios de grandeza. El buscador espiritual trabaja por liberarse de esa percepción falsa y apoyarse en los cimientos de la Verdad.

Swāmi Rāma Tīrtha relata una historia sobre el «diablillo del hacedor»:

> Hubo una vez un hombre listísimo que se reprodujo a sí mismo con tal perfección que no se podía distinguir la reproducción del original. Sabía que el ángel de la muerte venía a por él y, como no sabía exactamente qué hacer para

> darle esquinazo, finalmente se decidió por lo que podría llamarse un truco eficaz: se reprodujo a sí mismo una docena de veces. Cuando llegó el ángel de la muerte, no pudo saber cuál era la persona real y, por eso, no se llevó a ninguna. El ángel regresó a Dios y le preguntó qué debía hacer. Tras la consulta regresó a la Tierra para intentar de nuevo llevarse a ese hombre, y dijo:
>
> —Querido amigo, eres maravillosamente astuto, porque las figuras las has hecho justo como el original; pero te has equivocado en una cosa. Solo tienen un defecto.
>
> El hombre original inmediatamente saltó y preguntó:
>
> —¿En qué? ¿En qué me he equivocado?
>
> —Preguntando en qué te has equivocado —le dijo el ángel, distinguiendo ya al inteligente hombre de las estatuas mudas—. Al hacer eso, has revelado tu sensación egocéntrica de que eres el hacedor.
>
> Y la muerte se llevó al hombre original.

Esforzarnos por conseguir la gracia divina nos vuelve más modestos. Mantiene la mente alejada de la negatividad y de los pensamientos pecaminosos, y el mismo esfuerzo por volvernos aptos para la gracia elimina gradualmente los efectos de las transgresiones del pasado.

Del mismo modo, la práctica de la entrega hace crecer el espíritu de amor, devoción y fe.

Amma inspira a las personas a actuar con una actitud de entrega. Ha simplificado las técnicas de meditación, enseñando a miles de personas pūjas fáciles de seguir, las ha guiado en oraciones sencillas pero llenas de sentimiento y ha impartido energía espiritual a millones de seres con su mero toque.

Amma también ha enseñado una técnica de meditación sencilla pero poderosa, la «*Mā-Ōm*». La sincronización mental del sonido «*Mā*» mientras se inspira y «*Ōm*» mientras se espira produce un efecto poderoso y profundo, especialmente cuando se práctica con regularidad. «*Mā*» representa el amor divino y «*Ōm*» representa la luz divina. Amma dice que esta técnica de respiración se puede practicar en cualquier lugar y por cualquier persona.

Igualmente, Amma enseña a los devotos formas fáciles de realizar una pūja. Al principio, les dice que visualicen a su «*iṣṭa dēvatā*» (la forma preferida de la divinidad) sentada sobre un trono real. Utilizando sus poderes de visualización e imaginación, los devotos realizan *pādābhiṣēkam* (el lavado ceremonial de los pies de la deidad) y después proceden a vestir y adornar a la deidad. Después le dan de comer a la deidad y le ofrecen la llama del ārati mientras recitan su mantra o hablan con la iṣṭa dēvatā. Es la pūja en su forma más íntima y vívida. ¿Puede haber una manera mejor de acercar a las personas a Dios?

El darśan de Amma no solo transmite alegría y energía, sino que también muestra la sēva en su estado más puro: dando sin descanso, sin expectativa de devolución; es, en otras palabras, la entrega perfecta. La declaración del Señor Kṛṣṇa sobre el servicio desinteresado es alentadora:

> *nēhābhikramanāśō'sti pratyavāyō na vidyatē svalpamapyasya dharmasya trāyatē mahatō bhayāt*
>
> En este (camino espiritual del karma yōga) no se desperdicia el esfuerzo inacabado ni se producen resultados adversos. Hasta un poco de ese dharma nos protege del gran temor (*Bhagavad Gītā*, 2.40).

En el karma yōga todos los esfuerzos llevan a la purificación del corazón. No es como una casa acabada sin tejado, en la que no se puede vivir, que es un «esfuerzo inacabado y perdido». Además, el servicio desinteresado no produce «resultados adversos»; esa sería, por ejemplo, la consecuencia inevitable de tomar la medicina equivocada. De esa manera, el Señor Kṛṣṇa diferencia el karma yōga de otras formas de acción. Finalmente, garantiza que un seguidor del camino del karma yōga estará protegido del «gran temor» de permanecer atrapado en la rueda del samsāra.

A pesar de la abrumadora presión del tiempo, Amma recibe y se relaciona con cada persona que hace cola para el darśan. Por término medio, cada persona solo puede pasar unos pocos segundos con Amma y, sin embargo, en ese lapso de tiempo, Amma es capaz de comunicarse de manera entrañable con cada uno. Recibe diariamente cientos de cartas de los devotos y encuentra el tiempo para leerlas todas.

Ha habido innumerables casos en que devotos de distintas partes del mundo han experimentado que sus oraciones han sido respondidas. Eso es posible porque Ella es pura energía que trasciende el tiempo y el espacio y que accede simultáneamente a todos los que anhelan su gracia.

Un devoto de unos sesenta años que padecía artritis reumatoide vivía en una ciudad costera. Una noche, el clima invernal y la humedad agravaron su problema. Estaba solo en su piso. Su familia se había ido para unas cortas vacaciones. El dolor se inició al comenzar la noche y a la hora de irse a dormir la agonía era insoportable. Trató de dormir un poco y estuvo dando vueltas de un lado a otro; pero el dolor empeoró, impidiéndole dormir. Finalmente, a eso de la media noche, incapaz de soportar el sufrimiento, gritó:

—Amma, ¿qué es esto? ¿Por qué yo?

Extrañamente, después de llamar a Amma se durmió. Entonces, soñó con Ella. De pie a su lado, Ella le dijo:

—Hijo, es mejor que duermas boca arriba.

El devoto se despertó y miró la hora. No había dormido más de diez minutos. Se levantó y reflexionó sobre el sueño. Como Amma se lo había aconsejado, se tumbó boca arriba; una posición que nunca le había gustado.

Cuando se despertó, eran las seis de la mañana. El despertador se había apagado a la hora establecida, las cinco de la mañana. Recordó los acontecimientos de la noche: el dolor, él llamando a Amma, el sueño en el que Ella le aconsejaba y el sueño profundo que lo siguió. Se sintió abrumado por la compasión con que Amma había aliviado su dolor. También fue capaz de ir a trabajar a tiempo. De lo que no se dio cuenta en ese momento fue de que Amma le había administrado una terapia que lo había curado completamente. Con el tiempo, se dio cuenta que el problema crónico que le había perseguido durante una década se había desvanecido por completo. Han pasado más de diez años desde la curación y el dolor no ha vuelto.

Amma, además, expresa la compasión en un nivel más práctico y manifiesto. Antes, la gente hacía cola para los números del darśan. Ahora, después de que Amma lo inventara, los devotos permanecen sentados en sillas y los voluntarios les dan los números por orden de llegada.

Muchos devotos también solían perder el calzado, que dejaban fuera de la sala donde se llevaba a cabo el programa de Amma. Ahora, la gente puede llevar los zapatos o las sandalias en la sala. Para Amma, la ortodoxia está subordinada a la comodidad y la conveniencia de sus hijos.

Otra innovación reciente fue la proyección en grandes pantallas de las letras de los bhajans y su traducción. De ese modo, los devotos no solo pueden cantar sino también apreciar las hermosas enseñanzas que transmiten los bhajans.

Asimismo, Amma sabe que la mayor parte de las personas son exigentes con la comida. Ahora, tanto en Amṛtapuri como en los recintos de sus programas en otros lugares, los devotos pueden elegir entre diferentes tipos de comida. Eso no es para satisfacer sus pequeños caprichos, sino para minimizar la confusión y hacer que se sientan cómodos.

Con todos esos cambios e innovaciones, no hay lugar para quejas. Con tantas concesiones, ahora somos libres para concentrarnos en empaparnos de la leche del amor y la compasión de Amma.

Amma también ha introducido cambios más radicales. Uno de los más notables es popularizar la recitación del *Laḷitā Sahasranāma*, los mil nombres de la Madre Divina. En el pasado, esa letanía sagrada solo la recitaban los brāhmanas, en especial los sacerdotes. Naturalmente, cuando Amma animó a sus hijos a recitarla diariamente, algunas personas reaccionaron en contra de esa ofensa a la ortodoxia.

Un autoproclamado guardián de la tradición fue una vez a ver a Amma y le preguntó:

—Amma, tradicionalmente el *Laḷitā Sahasranāma* solo lo recitaba un grupo selecto de personas. Tú lo has hecho accesible a las masas ¿No debemos respetar y proteger la tradición?

La respuesta de Amma fue reveladora:

—Hijo, Dios mismo me dijo que se lo ofreciera a todos por el bien del mundo.

Esperemos que el caballero entendiera la idea que hay tras la aparente osadía de Amma: que el derecho a determinar lo que es correcto es prerrogativa de un guru, de la persona que es una con Dios. En cualquier caso, dado que el *Laḷitā Sahasranāma* es un tributo a Ella, la Madre Divina, Ella misma debería tener todo el derecho a decidir qué hacer con él, ¿no?

Es más, ese episodio plantea esta pregunta: ¿quién es verdaderamente la Madre Divina? Es la conciencia divina, que es nuestra propia naturaleza. Amma quiere que conozcamos nuestra naturaleza divina, y nos ha aconsejado recitar el *Laḷitā Sahasranāma* todos los días. Al invocar los nombres divinos de la Diosa, nos conectamos con nuestra naturaleza divina.

Un devoto tuvo una experiencia en uno de los programas de Amma, en Madurai. Era devoto del Señor Śiva. Desde pequeño lo habían educado en la devoción al Señor Śiva y a la diosa Mīnākṣī, popularmente conocida como Madurai Mīnākṣī. También había orado muchas veces en el templo de Madurai Mīnākṣī. Justo antes de asistir al programa matutino de Amma, había ido a ese templo. Era un día especial de pūjas y el ídolo esmeralda de la Diosa brillaba con un gran resplandor, de color verde como el de un loro. Disfrutó de esa visión hipnótica y después fue al programa de Amma. Para ese devoto, Amma y Madurai Mīnākṣī, su iṣṭa dēvatā, son una, y acostumbraba a adorar a Amma como tal.

Cuando entró en la carpa, vio que Amma acababa de subir al escenario. Ella miró a la multitud de devotos y los saludó juntando las manos en actitud de plegaria. Cuando ese devoto miró a Amma, se quedó asombrado por lo que vio: Amma tenía la cara y las manos verdes, del mismo tono verde que había visto en Madurai Mīnākṣī. Por un momento, pensó que estaba soñando, y estaba a punto de desechar la visión como un producto de su imaginación. Apartó la mirada. Cuando volvió a mirar, no solo era el color de la piel: la cara y las manos guardaban una asombrosa semejanza con las de Madurai Mīnākṣī. Era como si Amma estuviera confirmando la fe de ese devoto de que Ella era verdaderamente una con su iṣṭa dēvatā.

A veces, durante los programas de Amma se realiza una recitación colectiva del *Laḷitā Aṣṭōttaram* y del *Laḷitā Triśatī*, además del arcana *Laḷitā Sahasranāma*. Aunque hay diferentes *dhyāna śḷōkas* (versos de invocación) para el *Triśatī* y el *Sahasranāma*, el dhyāna śḷōka del *Laḷitā Sahasranāma* («*Sindūrāruṇavigrahām...*») se recita antes del *Triśatī* y del *Sahasranāma* durante los programas de Amma. Cuando durante el darśan alguien le preguntó puntillosamente a Amma por qué se recitaba el mismo śḷōka antes del *Laḷitā Sahasranāma* y del *Triśatī*, habiendo diferentes dhyāna śḷōkas para ambos, Ella respondió:

—Lo que importa es la devoción con la que se recitan los nombres sagrados, no qué dhyāna śḷōka se recita. En cualquier caso, sea con el *Sahasranāma* o con el *Triśatī*, se está adorando a Dēvī. Yo decidí que bastaba recitar el mismo dhyāna śḷōka para ambos.

En otra ocasión, Amma demostró de nuevo su distinguido atrevimiento cuando un brahmán erudito le preguntó:

—¿Cuál es el *mūla mantra* (mantra raíz) del templo Brahmasthānam?

Su réplica fue rápida:

—Ese *mantra* solo hay que revelarlo al sacerdote del templo Brahmasthānam, ¿no es así?

Para Amma, la verdad no es el dominio exclusivo de unos pocos. Igual que cada maestro ha interpretado las enseñanzas antiguas para adaptarlas a la época en la que ha vivido, Amma, mediante sus iniciativas, ha elegido las prácticas más apropiadas para nuestros tiempos.

Por ejemplo, ha socavado los fundamentos machistas del dogma religioso defendiendo la igualdad entre hombres y mujeres. Sostiene que el hombre y la mujer son como las dos alas de un pájaro. Ninguno de ambos lados puede pretender que es superior al otro; por el contrario, son complementarios.

A la pregunta «¿es Dios hombre o mujer?», Amma responde: «La respuesta a esa pregunta es que Dios no es ni masculino ni femenino, porque lo divino no es ninguno de los objetos sensibles que percibimos. En otro sentido, Dios es tanto masculino como femenino, porque la divinidad lo es todo». Como dijo alguien ingeniosamente: Dios no es un señor ni una señorita, sino un misterio.

Con una lógica irrefutable, Amma apartó las telarañas de la ideología represiva y abogó por un enfoque más igualitario en el tratamiento del género. Sus esfuerzos por otorgarle a la mujer un estatus equitativo en la sociedad han sido como un soplo de aire fresco en el mundo actual. Ha adoptado varias medidas en sus propias organizaciones para darles a las mujeres los cargos que merecían. Por ejemplo, Amma ha puesto a brahmacāriṇīs como sacerdotisas en los templos Brahmasthānam. Cuando se le preguntó si aprobaba que devotas de todas las edades fueran a Śabarimala, el templo que hay en la cima de una colina de Kēraḷa dedicado al Señor Ayyappa, Amma dijo que no debería haber ninguna restricción para que las mujeres de cualquier edad rezaran allí o en cualquier otro santuario. Cuando después se le preguntó cómo se podía cambiar el *statu quo*, Amma respondió: «Son los *ācāryas* (preceptores religiosos) los que han de realizar el cambio».

Llamar a las cosas por su nombre y, sin embargo, abstenerse de imponer su criterio a los demás: esa mezcla singular de candor y humildad es característica del estilo de Amma. Nos lleva a la Verdad ayudándonos a transcender todas las distracciones e interpretaciones religiosas creadas por el hombre. Sin embargo, lo hace con el mayor respeto y amor a todos.

Capítulo 8

«¿Quieres hacer que el Señor rompa su voto?»

Algunas personas tienen una idea equivocada sobre la *bhakti* (devoción) y los *bhaktas* (devotos). Asocian la *bhakti* con lugares de culto, como los templos, o la parafernalia relacionada con ellos, como la caracola o las campanillas que se tocan durante los rituales religiosos. Del mismo modo, piensan en el bhakta como alguien que madruga, se baña, va al templo y reza en él, recibe el prasād del sacerdote, se embadurna la frente con pasta de sándalo, *kumkum* (polvo de azafrán) o ceniza sagrada y se pone sobre la oreja o la cabeza las flores que le da el sacerdote.

La palabra sánscrita «*bhakti*» se deriva de la raíz «*bhaj*», que significa adorar o venerar (servir) con amor. En resumen: cualquier cosa que se haga con amor altruista, ya sea adoración, meditación, oración, pūja o servicio, es un aspecto de la bhakti.

La bhakti es, esencialmente, el sentimiento de ser uno con Dios y actuar en consecuencia. Un bhakta vive constantemente con la conciencia de que Dios conoce y está al corriente de todos sus actos, sean pensamientos, palabras o acciones.

En los *Nārada Bhakti Sūtras*, Śrī Nārada, después de presentar las características de la bhakti que han expuesto distintos maestros, presenta las suyas:

> *nāradastu tadarpitākhilācāratā*
> *tadvismaraṇē paramavyākulatēti*

> De hecho, Nārada opina que las características de la devoción son la dedicación de todas las

> actividades a Dios y la angustia extrema si uno se olvida de Él (19).

Para los que piensan que la bhakti tiene que ver con la dicha extática, la explicación de Nārada les puede parecer una reevaluación radical. Según la experiencia de ese sabio, la bhakti provoca emociones extremas: dicha suprema cuando se está en contacto con lo divino y angustia total cuando la conexión se pierde. Esa ha sido también la experiencia de otros devotos por excelencia. Amma, recordando la etapa de su sādhana, dijo que el dolor y la agonía que experimentaba en el corazón si no podía recordar a Dios eran insoportables. Si no recitaba su nombre mientras caminaba, volvía sobre sus pasos y recitaba los nombres. Solo entonces avanzaba. Del mismo modo, durante la época de sus prácticas ascéticas, Śrī Rāmakṛṣṇa Paramahamsa sentía una intensa angustia cuando su mente dejaba a Dēvī durante un instante. Comparaba ese tormento con tener el corazón retorcido, como si fuera un paño húmedo.

La mayor parte de nosotros es poco probable que hayamos llegado a esos extremos de devoción. Para ayudarnos a comprenderlo, Amma nos dice: «Hijos, si sacáis un pez fuera del agua y lo dejáis en la orilla, boqueará desesperadamente y luchará hasta que vuelva a estar en el agua. La inquietud y el dolor del corazón del bhakta son algo parecido».

Maestros espirituales como Śrī Śankara han descrito la verdadera devoción como ininterrumpida o indivisible.

Es como «un chorro constante de aceite», «*tailadhārā-vat*». El amor que hay en el corazón de un devoto es una corriente constante que fluye hacia el Señor y que culmina en el conocimiento de Dios.

Los *purāṇas* y los *itihāsas* representan así al devoto: lágrimas copiosas resbalan por sus mejillas mientras adora a su deidad amada. Abrumado por la emoción, es incapaz de hablar. Permanece impasible ante todo lo demás. Aunque trataran de seducirlo con todas las fortunas del mundo, ni las miraría porque ha encontrado la alegría en su interior.

Las palabras de los mahātmās y de los textos sagrados, como los *Nārada Bhakti Sūtras* y el *Bhāgavata Purāṇa*, incluyen exposiciones fidedignas sobre la bhakti. Los *śāstras* (escrituras) dan la misma importancia a todas las clases de sādhana, valorando debidamente los méritos de cada una. Como dice Amma: «A una persona le puede gustar el *dōśa* (panqueque indio), mientras que otra puede preferir el plátano y el *pūṭṭu* (parte del desayuno del sur de la India, que se hace con harina de arroz). No se puede decir que uno sea mejor que otro o que una cosa sea buena y la otra mala. Las distintas personas tienen gustos diferentes».

El corazón de un bhakta está saturado de Dios. Se entrega por entero al Señor y le ofrece su individualidad. Eso no significa que desaparezca, sino que vive en un estado sublime de unión interior con Dios. En ese estado, no hay dualidad; la distinción entre el Bhagavān y el bhakta, el Señor y el devoto, está completamente borrada. El *dvaita* (dualidad) culmina en el *advaita* (adualidad). Esa llegada a la adualidad es la cima del *bhakti mārga*, el camino de la devoción.

A pesar de que Amma es una con Dios, sigue suplicando con todo sentimiento cuando canta bhajans; llama y clama a Dēvī o a Kṛṣṇa. Ese torrente extático de amor es una impresionante muestra de devoción que nos inspira a abrir nuestros corazones en el anhelo de Dios.

El azúcar, por sí misma, nunca puede disfrutar o experimentar su propio dulzor, pero las hormigas sí que pueden. El *bhāva* (estado de ánimo o actitud) de la bhakti es tan extraordinario que solo un verdadero bhakta puede disfrutar de su dulzor. La bhakti no es más que una expresión pura del bhāva del amor a lo divino. Además, sin *bhāvanā* (imaginación) no hay bhakti. La devoción de las *gōpīs* (lecheras) era tan ferviente que veían la túnica amarilla de Kṛṣṇa en las flores *kadamba* y sus pisadas en cada hendidura del suelo, oían su flauta melodiosa en el susurro de las hojas y sentían su presencia en todos los rincones y todas las esquinas de Vṛndāvan. Incluso consagraban su actividad comercial poniendo a las mercancías que vendían algunos de los muchos nombres del Señor. Actualmente, la adoración sin distinciones de las gōpīs se ha convertido en sinónimo del amor verdadero.

También Amma nos anima a rezar con devoción. «La recitación del nombre del Señor sin sentimiento es algo soso y mecánico. Hay que recitar con el bhāva del amor.

Hijos, rezad siempre imaginando a vuestra iṣṭa dēvatā sobre el fondo de la naturaleza».

Amma les dice a sus hijos que la bhakti es el camino más fácil hacia el conocimiento de Dios. Aunque el *Bhāgavata Purāṇa* describe muchas clases de sādhana, da más importancia a las emociones (sentimientos) y los deseos, que se pueden aprovechan en el camino de la devoción. Ese camino es el más accesible y práctico porque cualquiera lo puede recorrer fácilmente, independientemente de la raza, la edad o el género. En el *Vivēkacūḍāmaṇi*, Śrī Śankarācārya afirma:

> *mokṣakāraṇasāmagryām bhaktirēva garīyasī*
> *svasvarūpānusandhānam bhaktirityabhidhīyatē*
>
> Entre las cosas que conducen a la Liberación, solo la devoción ocupa el lugar supremo. La búsqueda de nuestra propia naturaleza se denomina devoción (31).

Otros caminos están llenos de peligros. En el camino del karma, hay que actuar sin la sensación de ser el hacedor de la acción y sin tener expectativas con los resultados, lo que es sumamente difícil para una persona común. Quien practica el *jñāna mārga*, el camino del conocimiento, encuentra las cosas aún más difíciles. En todo momento debe practicar la negación («esto no es Ello») para distinguir entre lo eterno y lo efímero. En una apuesta por la trascendencia tiene que recordar constantemente: «No soy la mente ni el cuerpo. No soy la inteligencia».

Tiene que practicar *śama* y *dama*, el control de la mente y el control de los sentidos. Tiene que vivir en un lugar aislado y cumplir muchas otras restricciones. Tiene que realizar intensa penitencia en presencia de su guru.

Por el contrario, el camino de la bhakti no está delimitado por tantas normas y prohibiciones. Podemos repetir (recordar) el nombre del Señor en cualquier lugar.

Hay otra razón por la que la bhakti se considera el camino más fácil. Entre todos los sentimientos y emociones humanas, el amor es el más seguro y el más noble, y la bhakti se basa en el amor. Todos, sin excepción, tenemos sentimientos. Cualquiera que afirme que carece de sentimientos o emociones, está faltando a la verdad. Hasta la persona con el corazón más duro tiene sentimientos de ternura por sus seres queridos.

Cuando somos jóvenes vamos corriendo a nuestra madre con nuestros problemas y quejas. Después, cuando crecemos y nos casamos, recurrimos a nuestro cónyuge. Una mujer casta anhela ver al esposo que no ha regresado aún a casa. El amor puede transformar al criminal más endurecido o a la persona más cruel. También hay amor entre los demás seres. Un pájaro recién nacido está ansioso por ver a su madre. Un ternero agotado y hambriento desea ver a su madre, la vaca. Hasta los objetos sin vida, como el hierro, se atraen entre sí cuando están magnetizados. La fuerza de la gravedad es otro ejemplo de esa verdad. La bhakti no es más que el principio espiritual de esa atracción. Es la fuerza que hay detrás de la evolución del jivātmā hacia el Paramātmā.

El āśram, es decir, la presencia de Amma, es el entorno favorable para nutrir la devoción y otras cualidades que aceleran el progreso espiritual. En los primeros tiempos, la vida en el āśram estaba llena de adversidades. Apenas había comida, abrigo o ropa, apenas se cubrían las necesidades vitales. El amor y la compasión de Amma eran literalmente nuestra cuerda de salvamento, ya que nutrían nuestro anhelo espiritual emergente.

No solo eso, en mi inmadurez juvenil a menudo me sentía intimidado por muchas de las personas que había alrededor de Amma. Suguṇānandan-acchan, el padre de Amma, al principio no aprobaba que hombres jóvenes se quedaran o merodearan alrededor de su casa, lo que era perfectamente comprensible, teniendo en cuenta que tenía tres hijas solteras y que las costumbres conservadoras de la comunidad en la que vivía la familia de Amma desaprobaban las relaciones inadecuadas entre los sexos. Damayanti-amma, la madre de Amma, era cariñosa pero sumamente ortodoxa. Por ejemplo: si querías ayudarla en la cocina, primero te tenías que bañar y después saludar al fuego de la cocina antes de empezar a cocinar. Yo tenía que hacer todo eso porque solía ayudarla en la cocina. Ayudarla era una tarea rigurosa que exigía mucha atención. Y también había devotos seglares que nos daban órdenes, considerándonos simples sirvientes del āśram.

Además, cada visita a Amma significaba una caminata desde el cruce de Vaḷḷikkāvu hasta el embarcadero, lo que invariablemente implicaba aguantar silenciosamente en el camino gran cantidad de insultos y abucheos de los aldeanos. Mirando hacia atrás, es obvio que todos esos factores nos ayudaron a adquirir humildad y ecuanimidad mental en todas las circunstancias, sin las cuales ningún aspirante puede progresar espiritualmente.

En ese momento, aparte de Amma y el āśram, el único lugar donde me podía refugiar era la casa de Saraswati-amma (o «Vallyammacci», como yo la llamaba), la hermana mayor de mi madre, que me crió cuando mi madre falleció durante mi infancia. Su casa ha sido bendecida con la presencia de Amma muchas veces. De hecho, Amma solía alojarse allí, a veces hasta tres o cuatro días seguidos.

En aquellos días, por inspiración de Amma, hacía intensas penitencias. De hecho, creía que Brahman, el Ser Supremo, era fácil de alcanzar y meditaba durante horas todos los días, intentando silenciar la mente y, de ese modo, ir más allá de ella. A veces, incluso renunciaba a la compañía de Amma para hacer más meditación. Tan intenso era mi deseo de alcanzar la Meta. Incluso algunos miembros de mi familia estaban convencidos de que estaba loco, quizá influido por la magia negra. Decían: «Vēṇu era un tipo de lo más normal. Ahora, mirad lo que le ha pasado».

Una vez, fui a las tres de la madrugada al arroyo que pasa detrás de la casa de Vallyammacci a darme un baño. Acto seguido, fui directamente a la habitación de pūja y empecé a practicar algunos *yōgāsanas* (posturas de yoga). En un momento dado, a eso de las cuatro de la mañana, estaba haciendo *śīrṣāsana* (la postura sobre la cabeza) y una de mis primas, que se levantaba pronto para rezar, entró en la habitación de pūja. Casi se le sale el corazón cuando me vio sobre la cabeza, con los pies la altura de sus ojos. Empezó a lamentarse a voces:

—¡Oh, Kāḷī! ¡Oh, Dēvī! ¿Qué le ha pasado a este chico? ¿Se ha vuelto loco mi Vēṇu? ¡Oh, Kṛṣṇa! ¡Oh, Śiva! ¡Por favor haced algo!

De un salto me puse de pie y abandoné la habitación antes de que sus lamentos se volvieran demasiado histéricos.

Por entonces, estaba convencido de que Amma tenía el poder de concederme la liberación espiritual y, al no lograr alcanzar la Meta, me enojaba mucho con Amma. De hecho, solía discutir con Ella por eso. No era por ningún beneficio material, sino porque no entendía por qué estaba reteniendo el fruto de la comprensión espiritual incluso después de tanto esfuerzo tenaz. A menudo, después de esas disputas entre Madre e hijo, me consolaba diciéndome que el esfuerzo espiritual daba frutos a su debido tiempo. Recordaba que aspirantes de todas las épocas habían hecho tapas durante años, si no vidas enteras, por solo un destello de lo Divino, y que, por tanto, no debía ser irracional en mis pretensiones. Seguía asegurándome que estaba conmigo.

Un día, después de discutir con Ella una vez más por el mismo tema, me alejé enojado. Esa vez, Amma no vino detrás de mí. Debió de pensar que mi terquedad y mi obstinación infantil se trataban mejor con el silencio y la indiferencia. En ese momento estábamos en la casa de Vallyammacci. Salí de la casa por la puerta trasera enfurruñado y fui a sentarme a meditar bajo un cocotero, junto al arrollo. Tomé la decisión de no levantarme hasta que hubiera alcanzado el Autoconocimiento o hasta que me llamara Amma, lo que sucediera primero. Mis intentos de concentración se interrumpían por pensamientos sobre el hambre que tenía y por la preocupación de que Amma no me había llamado ni había venido todavía a buscarme. Estuve allí sentado una hora y media.

Entonces, agotado, me levanté y entré en casa. Había mucha gente, tanto familiares directos como algunos parientes más lejanos. En cuanto entré miraron con perplejidad. Algunos se taparon la nariz. Unos cuantos preguntaron:

—¿Qué es ese horrible hedor?

Al cabo de un rato, un tío mío se fijó en la parte posterior de mi dhōti, y dijo:

—¡Mirad, el trasero de Vēṇu está manchado de excrementos!

Miré hacia atrás, y era verdad: me había sentado sobre una caca que había debajo del cocotero, y no me había dado cuenta en absoluto. Esa debe de ser la fragancia de la meditación. Amma examinó mi trasero y estalló en alegres carcajadas. Al verla reír, mis conflictos interiores se resolvieron y yo también me tronché de risa.

Cuando estaba en el āśram, tras una de esas disputas con Amma, me mantenía alejado intencionadamente durante unos días. Cada vez que la veía venir en mi dirección, la evitaba. Aunque esa fuera mi manera infantil e inmadura de «volver» a Ella, la separación de Amma me causaba una angustia inimaginable en el corazón. A veces, cuando el tormento se volvía insoportable, iba corriendo al kaḷari y cantaba a los cuatro vientos con todo mi corazón bhajans como «*Harē Murārē*» y «*Harē Rāma*» lo más fuerte que podía. Todo el dolor y la angustia reprimidos se expresaban mediante la música y, a veces, cuando no encontraba alivio a mi intenso sufrimiento, gritaba a pleno pulmón: «¡Ammaaaa!...». Invariablemente, a esas alturas, cuando tenía roto el corazón y no podía soportar más angustia, Amma acudía corriendo y, acunándome sobre sus hombros, me consolaba con dulces palabras de amor maternal:

—Hijo mío, Vēṇu, querido hijo mío, mi dulce niño, no llores, Amma está contigo...

Yo permanecía sollozando en sus brazos durante diez o quince minutos, hasta que toda la angustia se había disuelto en lágrimas.

Śrī Rāmakṛṣṇa Paramahamsa ha dicho que en la evolución de la relación entre Dios y el devoto, Dios actúa primero como un imán, atrayendo al devoto. A partir de entonces, es el devoto el que tiene que atraer a Dios con su amor y su anhelo. En eso se manifiestan dos aspectos de la bhakti: el amor del devoto al Señor es la bhakti o devoción; el cariño del Señor a su devoto es la compasión. La devoción no puede alcanzar su plenitud sin el alimento de la compasión divina. Por tanto, la bhakti es ese noble sentimiento que une al bhakta con el Bhagavān.

En la biografía de Śrī Rāmakṛṣṇa Paramahamsa también se lee que esperaba ansiosamente la llegada de los aspirantes espirituales. Lo mismo ocurría con Amma. En los primeros días, esperaba en la orilla de la ría balanceándose en trance a derecha e izquierda. Por intuición divina, sabía cuándo iba a llegar uno de sus hijos espirituales y lo esperaba con ansiedad. Del mismo modo, cada vez que nos íbamos, Amma nos limpiaba el rostro, nos peinaba y nos ponía pasta de sándalo en la frente, como si fuéramos niños pequeños, y después nos acompañaba a la ría para despedirse de nosotros. De hecho, entonces éramos como niños. Durante ese período, estábamos tan embriagados por el amor divino de Amma que no podíamos cuidar de nosotros mismos, y necesitábamos que la Madre nos cuidara.

El amor que el Señor tiene a su devoto es mucho más intenso que el que el bhakta siente por el Señor. La historia de Bhīṣma es reveladora. El Señor Kṛṣṇa había jurado no utilizar un arma en la guerra de Kurukṣētra bajo ninguna circunstancia, pasara lo que pasara, pero Bhīṣma había jurado obligar al Señor a que lo hiciera. En el noveno día de guerra, las flechas de Bhīṣma hirieron al Señor. Kṛṣṇa seguía sonriendo y dirigiendo el carro de Arjuna, incluso cuando de sus heridas chorreaba sangre. Pero cuando Bhīṣma hirió a Arjuna, causándole una abundante pérdida de sangre, el Señor no pudo contenerse. Agarró su glorioso *sudarśana cakra* (un arma parecida a un disco giratorio con bordes dentados) y corrió hacia Bhīṣma con la intención de matarlo. En consecuencia, el Señor rompió su promesa por el bien de ambos devotos. Kṛṣṇa no solo protegió a Arjuna de un daño mayor, sino que también ayudó a que la promesa de Bhīṣma se cumpliera, a pesar de que significara incumplir la suya. Verdaderamente, la compasión de Bhagavān es de una magnitud mucho mayor que la devoción del bhakta.

Después de la celebración del sesenta y un cumpleaños de Amma, una residente del āśram le escribió una carta quejándose de otra residente. A causa de la falta de espacio para alojar la gran cantidad de asistentes que habían acudido para la celebración, el Templo de Kāḷī se había habilitado para que durmieran las mujeres. Algunas de esas mujeres habían viajado desde muy lejos para ver a Amma, y tuvieron que esperar muchas horas antes de recibir el darśan. Para cuando se retiraron al Templo de Kāḷī a pasar la noche, eran casi las dos de la madrugada. Una residente del āśram, que hacía la sēva de limpiar el templo, las había despertado a todas apenas una hora después de que se fueran a dormir y las había echado del templo. No solo eso: al ver sus sandalias esparcidas por los escalones del templo, las había tirado todas impacientemente para limpiar la escalera.

Cuando Amma se enteró, su expresión se volvió seria. Mirando a esa persona, primero dijo:

—Nunca vuelvas a entrar en el Templo de Kāḷī. No es necesario que hagas sēva allí nunca más.

Unos momentos después, Amma dijo:

—No me importa que alguien me haga algo malo o diga algo malo sobre mí; pero no toleraré que ofenda a mis devotos.

Después, explicó que tratar a los huéspedes como Dios era un principio fundamental del sanātana dharma, una creencia reflejada en la expresión: «*Atithi dēvō bhava*». Amma dijo que la acción de la residente no solo había sido una transgresión de los valores culturales tradicionales de la India, sino que había mostrado una atroz falta de compasión. Dijo que servir a los huéspedes con amor sincero habría sido una pūja mucho mejor para la Madre Kāḷī que limpiar el templo. La omnisciente Amma también señaló que cada par de sandalias que la residente del āśram había tirado podía haber costado entre cien y ciento cincuenta rupias, que era una cantidad enorme para las pobres mujeres, que tendrían que trabajar duro para ganar el dinero y poder comprarse otro par.

En el *Śrīmad Bhāgavatam*, Śrī Kṛṣṇa le dice a Uddhava:

> *nirapēkṣam munim śāntam*
> *nirvairam samadarśanam*
> *anuvrajāmyaham nityam*
> *pūyēyētyanghrirēṇubhiḥ*

> Siempre sigo al asceta puro, que es tranquilo y sosegado, que no espera nada de nadie, que no tiene animosidad hacia nadie y que ve a todos como iguales para así poder purificarme con el polvo de sus pies (11.14.16).

Amma narra la historia en que el Señor Kṛṣṇa fingió una migraña para mostrarle al sabio Nārada cuán elevada era la devoción de las gōpīs. Todos los que Le rodeaban se preguntaban que podrían hacer para aliviar el dolor del Señor. Cuando le preguntaron, Kṛṣṇa dijo:

—El dolor solo cesará si se me frota la cabeza con el polvo de los pies de mis devotos.

Nārada se resistió. ¡No podía ni pensar en la posibilidad de hacer algo tan blasfemo! Pero las gōpīs no se lo pensaron dos veces. Inmediatamente, recogieron el polvo de sus propios pies y lo esparcieron generosamente sobre la cabeza del Señor. No les importaban las consecuencias de su acto aparentemente sacrílego. Para ellas, aliviar el dolor de su Señor era lo más importante. Estaban dispuestas a sufrir por ello cualquier consecuencia. Nārada, cuando lo vio, se dio cuenta de la excelencia del amor de las gōpīs por el Señor.

La estrofa del *Śrīmad Bhāgavatam* describe elocuentemente lo esclavizado que está el Señor por la devoción. Vinōbā Bhāvē dice en el *Bhāgavata Mīmāmsā*, su comentario crítico sobre el *Bhāgavatam*, que el santo Ēknāth, uno de los mayores bhaktas de Mahārāṣtra (India), daba gran importancia a esa estrofa en particular.

El Señor afirma: «*yē bhajanti tu mām bhaktyā mayi tē tēṣu cāpyaham*», «los que me adoran con devoción están en Mí, y yo también en ellos» (*Bhagavad Gītā*, 9.29).

Según el *Śrīmad Bhāgavatam*, un devoto puede acercarse al Señor en una entre nueve maneras (*nava-vidha-bhakti*) posibles dependiendo de su predisposición:

śravaṇam kīrtanam viṣṇōh smaraṇam
pādasēvanam
arcanam vandanam dāsyam sakhyam
ātmanivēdanam

Oír las glorias del Señor, recitar los nombres del Señor, recordar al Señor y su juego divino, servir los pies del Señor, adorarle, postrarse ante el Señor, ser su servidor, hacerse su amigo y entregarse por completo al Señor (7.5.23).

La sabiduría tradicional hindú está llena de ejemplos de cada una de esas orientaciones. Por ejemplo, Parīkṣit es un ejemplo de śravaṇam (oír los nombres del Señor). El modo de Śuka era *kīrtanam* (cantar las glorias del Señor). Prahḷāda, que definió las nueve actitudes devocionales, se liberó tanto de los tormentos de su padre y de sus secuaces como del samsāra recordando constantemente al Señor (*smaraṇam*). La devoción inquebrantable de la diosa Lakṣmī por los sagrados pies del Señor Viṣṇu es un ejemplo ideal de *pādasēvanam*. Cuando se trata de *arcanam* (adorar constantemente al Señor), el rey Pṛthu es el mejor ejemplo. La reina Kuntī constituye un ejemplo ideal de *vandanam*, de actitud reverente hacia el Señor. El modelo más querido para *dāsyam* (la actitud de un sirviente frente el Señor) es Hanumān. Arjuna ejemplifica al devoto que considera al Señor su amigo y compañero (*sakhyam*) y Mahābali fue la personificación misma de *ātmanivēdanam* (la entrega completa).

Algunos académicos opinan que los Vēdas no aprueban la bhakti, pero no es cierto. La fuente de toda sādhana son los Vēdas, que indudablemente proclaman la gloria de la bhakti. Los Vēdas contienen abundantes himnos en alabanza de lo Divino. En los Vēdas encontramos a ṛṣis que adoran a diferentes deidades. Por ejemplo, hay un verso que ensalza así al Señor Viṣṇu: «Quienquiera que adore a Viṣṇu domina y conquista todo el universo».

Podemos preguntarnos, ¿por qué? En su comentario sobre el *Viṣṇu Sahasranāma*, Śankarācārya Swāmi define así a «Viṣṇu»: «*vēvēṣṭi vyāpnōtīti viṣṇuḥ*», «Viṣṇu es el omnipresente». El que adora al omnipresente descubre la conciencia divina también en sí mismo. El *haviss* (la ofrenda de arroz) a Viṣṇu simboliza la ofrenda de nuestras vāsanās, tanto las buenas como las malas. Viṣṇu también es aclamado como «*purāṇa puruṣaḥ*», es decir, el que es más antiguo, aunque siempre nuevo y joven. En su presencia, nunca nos sentimos hastiados. ¿No es lo que sucede con Amma? Por mucho tiempo que permanezcamos sentados cerca de Ella, nunca nos aburrimos. Es así porque, al igual que Viṣṇu, Amma siempre es nueva y siempre distinta. Esa es la singularidad de la sabiduría divina. El que la manifiesta conquista el mundo. Por eso, Amma dice siempre que todo el universo se postra ante un verdadero bhakta.

Algunos preguntan si hay lugar para el estudio en la bhakti. La historia de Pūntānam y Mēlpattūr aporta algo de luz sobre este tema. Mēlpattūr Nārāyaṇa Bhaṭṭatiri era un académico erudito que compuso el *Nārāyaṇīyam*, un poema sánscrito que resume el *Bhāgavata Purāṇa*. Después de haber terminado su composición, se le curó el reumatismo, así que se volvió un poco orgulloso pensando que no había ningún erudito más grande que él. Pūntānam Nambūtiri, un poeta coetáneo, también era un gran devoto de Guruvāyūrappan, una manifestación del Señor Viṣṇu consagrada en el templo de Guruvāyūr, en Kēraḷa. A diferencia de Mēlpattūr, Pūntānam componía en la lengua nativa (malayálam), que Mēlpattūr despreciaba. Cuando Pūntānam se acercó humildemente a Mēlpattūr y le pidió que revisara su trabajo, el *Jñānappāna*, («La canción de la sabiduría»), Mēlpattūr se burló de la sugerencia y se negó a hacerlo. Ese desaire hirió a Pūntānam profundamente, así que Mēlpattūr volvió a sufrir de reumatismo. Cuando imploró al Señor Guruvāyūrappan la mediación divina para que se curara la enfermedad, oyó una voz etérea que decía: «La *bhakti* de Pūntānam me complace más que tu *vibhakti* (erudición)».

En realidad, un verdadero erudito es un verdadero bhakta. En su comentario de la *Bhagavad Gītā*, Śankarācārya Swāmi define así la erudición: «*paṇḍā ātmaviṣayā buddhiḥ yēṣām tē hi paṇḍitāḥ*», «*paṇḍā* significa el conocimiento de Sí Mismo; los que verdaderamente lo tienen son los *paṇḍitāḥ*» (2.11).

De hecho, muchos eruditos le conceden a la bhakti un lugar elevado, considerándola el décimo *rasa* y el quinto *puruṣārtha*. En las diferentes formas artísticas y en la poesía de la India se mencionan los *navarasas*, los nueve sentimientos estéticos a los que se considera emociones puras. Igualmente, las escrituras hindúes hablan de las cuatro metas de la vida. El hecho de que los eruditos consideren la bhakti de vital importancia tanto en el ámbito artístico como en el espiritual muestra su inestimable valor. Para los que la conocen, la bhakti no es algo que conduce al jñāna. En realidad, consideran la *parā-bhakti* (devoción suprema) mucho más grande que el jñāna.

En esa misma línea, Amma habla de *tattvattile bhakti*, la devoción basada en la comprensión de los principios espirituales en lugar de estar basada en el deseo (*kāmya bhakti*). Dice: «La tattvattile bhakti es amar desinteresadamente y tomar refugio en Dios, que se ha convertido en el todo, sin pensar que hay muchos dioses». En otra ocasión, Amma dijo ingeniosamente: «La tattva bhakti abraza firmemente al jñāna». En realidad, la bhakti y el jñāna no son distintos. El jñāna sin la bhakti es árido, y la bhakti sin el jñāna es invidente.

En definitiva, la devoción no es algo sobre lo que se pueda hablar, sino experimentar. No se puede entender la naturaleza de la bhakti estudiándola, ni yendo a clase. Como dice el sabio Nārada en los *Nārada Bhakti Sūtras*: «*anirvacanīyam prēmasvarūpam*», «la naturaleza del amor supremo está más allá de toda descripción» (51). Solo se puede entender mediante la experiencia. El sabio Nārada explica más sobre este tema en el siguiente aforismo: «*mūkāsvādanavat*», «es como la experiencia de una persona muda» (52), que no puede explicar la experiencia que ha tenido al comer un manjar delicioso. La experiencia del que ha probado el néctar de la bhakti es semejante, después de lo cual «*yat jñātvā mattō bhavati, stabdhō bhavati, ātmārāmō bhavati*», «el devoto queda como si estuviera embriagado, se queda absorto y encuentra toda la alegría en su Ser» (6).

Hay que recordar que solo podemos tener bhakti por la gracia divina, por la compasión de Dios. Su gracia y su compasión están fluyendo constantemente hacia nosotros. Sin embargo, debemos volvernos dignos de recibirla y abrazarla, lo que significa que debemos adquirir pureza mental. El *Bhāgavata Purāṇa* dice que podemos transmutar todas las emociones, incluso el *kāma* (lujuria) y el *krōdha* (ira), en amor a lo Divino si se las ofrecemos a Dios. Cuando se ofrendan en su santuario se vuelven como semillas cocinadas o fritas, que no pueden dar fruto.

Tomemos el caso de Kamsa, que constantemente pensaba en el Señor con odio e ira. Por esa obsesión, Kṛṣṇa se convirtió en el centro de todas sus actividades, lo que allanó el camino hacia una feliz unión con el Señor, que lo mató. Pūtana, que intentó matar al Señor frotándose veneno sobre los pechos y dándole después de mamar, alcanzó la salvación cuando el Señor la mató. Las gōpīs, que orientaron todas sus pasiones hacia Kṛṣṇa, se unieron con Él. La clave es recordarlo constantemente, sea cual sea la naturaleza de nuestro recuerdo. Si podemos hacer que nuestra mente permanezca constantemente en Dios, su gracia y su compasión fluirán indudablemente hacia nosotros.

Capítulo 9

«¿Cómo se sientan, hablan y caminan los sabios?»

¿Cómo sabemos si alguien está elevado espiritualmente? Ciertamente, es difícil calibrar el nivel espiritual de una persona con el criterio limitado de nuestra propia madurez espiritual. Sin embargo, hay una prueba de fuego para la grandeza espiritual: ¿Sentimos una felicidad fuera de lo común en presencia de esa persona? Si es así, aunque él o ella no nos miren ni nos hablen, podemos estar seguros de que nos encontramos en la sagrada presencia de la santidad.

La familiaridad, por lo general, engendra desdén, pero eso no sucede con los mahātmās. Se podría decir que ellos nunca se vuelven algo familiar, por lo inconmensurable y polifacético de su Ser divino. Cada momento en su presencia es singularmente dichoso. El tiempo no ha disminuido mi embrujo por la belleza pura de la mirada de Amma, la dulzura de su sonrisa y el magnetismo de sus acciones. Su Ser es tan transparente que podemos percibir en Ella claramente la frescura perenne de *caitanya*, la conciencia divina.

A pesar de su atractivo, los mahātmās prefieren ser modestos porque no les interesa la reputación o la fama. Están desprovistos de ego y no desean exhibir su grandeza. Invariablemente carecen de conciencia corporal, porque se identifican con el núcleo luminoso interior más que con la capa exterior del nombre y la forma.

La vida de Sadāśiva Brahmēndra es una brillante ilustración de cuán elevada puede ser la conciencia divina. Este santo, compositor y filósofo del siglo XVIII a menudo vagaba desnudo o semidesnudo en estado de trance.

En una ocasión atravesó un harén de mujeres musulmanas, que formaba parte de la casa del Nawāb. Cuando alguien le dijo a este que un monje hindú desnudo acababa de pasar por el harén, el Nawāb lo persiguió. Ofendido por el semblante frío del sannyāsī, le cortó cruelmente un brazo. Sadāśiva Brahmēndra siguió de largo como si nada hubiera pasado. Al verlo, el Nawāb se dio cuenta de que no era un alma corriente. Recogió el brazo cortado, corrió tras él y le suplicó perdón al mahātmā. Sadāśiva Brahmēndra escuchó al Nawāb, tomó el miembro amputado, se lo volvió a colocar en el torso y se marchó, sin inmutarse. Es difícil imaginar un ejemplo más gráfico de desapego total respecto a la conciencia corporal, o una demostración más contundente de la presencia espiritual y el dominio sobre la materia.

Podríamos pensar que semejante indiferencia total por el cuerpo no es posible para nosotros. Quizá sea así, pero podemos intentar elevarnos por encima de nuestras limitaciones corporales. Tomemos el caso de Bhīṣma, por ejemplo, un personaje muy querido del *Mahābhārata*. Amma lo cita a menudo como modelo de fortaleza y entrega a lo divino. Su estancia en la Tierra fue una larga penitencia. Hizo la promesa de mantenerse célibe toda la vida para que su padre, el rey Śantanu, se casara con la pescadora Satyavatī, cuyo padre había estipulado que sus hijos serían gobernantes. De ese modo, se negó a sí mismo tanto los placeres de la vida regia como los de la conyugal. Satisfecho con la deferencia de su hijo, Śantanu le concedió la gracia de poder elegir el momento de su muerte. Bhīṣma era también un fiel cumplidor del dharma, del que nunca se desvió en la vida o en la muerte. Encontró un final espantoso en el campo de batalla de Kurukṣētra, donde cayó derribado por una lluvia de flechas del arco de Arjuna. Se dice que yació en ese lecho de flechas durante meses, sin que su cuerpo tocara el suelo en absoluto. Esa ha sido posiblemente la peor crucifixión de la historia y, sin embargo, en lugar de lamentarse por su destino o rebelarse contra las decisiones de Dios, se entregó serenamente a su suerte sin perder la devoción por el Señor Kṛṣṇa. Eligió no acabar con su sufrimiento, porque quería esperar el momento astrológicamente propicio para que su alma se uniera al Señor, lo que finalmente hizo.

Adorando a Kṛṣṇa con determinación y cumpliendo con las nobles virtudes de la veracidad y la castidad, Bhīṣma se convirtió en un héroe por derecho propio. Esa es la culminación del culto al héroe. Todos tienen un modelo o héroe a quien seguir. Para muchos, es una persona famosa, como por ejemplo una estrella de Hollywood o de Bollywood. Para otros, puede ser un padre o un profesor. Es natural admirar e imitar a alguien que pensamos es mejor o más importante que nosotros; pero hay que elegir con cuidado el modelo a seguir. El famoso mitólogo Joseph Campbell ha dicho que la persona famosa vive solo para su ego, mientras que el héroe actúa para redimir a la sociedad. Kṛṣṇa era uno de esos héroes.

No solo Bhīṣma lo homenajeó como héroe. Arjuna también lo hizo. Para él, al principio Kṛṣṇa era su mejor amigo y su aliado de confianza. Después, su veneración aumentó hasta el punto de que el Señor se convirtió en su guru. En esa decisiva coyuntura es cuando Arjuna se entregó al héroe supremo, universal, y le rogó que le describiera el concepto de *sthita-prajñā*, de la persona de sabiduría constante. Le preguntó al Señor:

> *sthitaprajñasya kā bhāṣā samādhistasya kēśava*
> *sthitadhīḥ kim prabhāṣēta kimāsīta vrajēta kim*
>
> ¿Cómo es, oh Kēśava, la descripción del que posee sabiduría constante y está inmerso en el estado de supraconciencia? ¿Cómo habla el de sabiduría constante? ¿Cómo se sienta? ¿Cómo camina? (*Bhagavad Gītā*, 2.54).

Kṛṣṇa, al resumir las actitudes distintivas de un santo instalado en su Ser, enseña con claridad que todas ellas pueden alcanzarse por medio del esfuerzo. El atributo primero y más importante es que un santo se ha liberado de todos los deseos y se deleita en la dicha de su Ser. Para un bebé, el seno de su madre es fuente de alegría y seguridad. Más adelante, esa fuente se trasladará a los juguetes. En el colegio, el niño encontrará felicidad en la compañía de sus amigos. Como adolescente, él o ella puede hallar satisfacción con el último dispositivo tecnológico, y en la juventud, en la compañía del sexo opuesto. La búsqueda de la felicidad no se detiene después del matrimonio. Entonces luchamos por conseguir un puesto de trabajo bien remunerado y después por formar una familia. En la vejez, buscamos el apoyo de los hijos y la compañía vivificante de los nietos. La historia de la felicidad no es más que una búsqueda elusiva entre los objetos exteriores.

Los sabios se dan cuenta de que esa es una misión imposible, y dirigen su atención hacia el interior, donde encuentran la dicha verdadera e inmortal. Están tranquilos y sosegados, su mente permanece imperturbable en el placer y en el dolor y carecen de apegos, miedo e ira. Ninguna calamidad puede angustiarlos, sea de origen espiritual (ādhyātmika), un problema causado por algo exterior (ādhibhautika) o uno que surja por causas ocultas (ādhidaivika). Poseen una actitud imperturbable, afrontan los retos de la vida sin temor y con desapego interior. No se regocijan en las circunstancias favorables ni retroceden en las adversas. Al igual que una tortuga recoge sus extremidades, ellos retiran los sentidos de los objetos sensibles. En cualquier caso, como han conocido a Dios ya no les atraen los placeres sensibles.

Tenemos la bendición de ser coetáneos de Amma, que se ha convertido en el modelo a seguir para muchas personas de todo el mundo. Es un verdadero tesoro de innumerables cualidades admirables. A la mayoría, asimilar completamente una sola de esas cualidades les lleva el esfuerzo de toda una vida. De ese modo, la adoración del modelo correcto se convierte en un medio para manifestar todo nuestro potencial espiritual.

La definición que Amma da del heroísmo es muy parecida a la que se expresa en la *Bhagavad Gītā*. Como dice memorablemente: para ser un héroe hay que convertirse en un cero[5]. Al negarnos a nosotros mismos, cumplimos nuestro potencial espiritual. Cuando llegamos a ser nada, nos convertimos en todo. Eso es lo que nos garantiza la abnegación.

Carl Jung, el fundador de la psicología analítica, dijo una vez que el objetivo de la vida era trasladar el centro de la personalidad del ego al verdadero Ser. Para los mahātmās, su centro siempre ha sido el verdadero Ser. No se identifican con su cuerpo y atribuyen todo el carácter de ser el «hacedor» a Dios.

Reconocer el poder de Dios en todas las cosas no es una debilidad. Atribuirle a Él la acción no nos quita poder, sino que nos empodera de una manera que nunca podríamos imaginar. En lugar de depender de nuestros enclenques músculos, podemos sacar fuerza de los músculos cósmicos. El mejor ejemplo de esa actitud fue Hanumān, el devoto por excelencia del Señor Rāma. Las hazañas de Hanumān son bien conocidas. En un «salto de fe» literal, saltó al otro lado del Océano Indico para aterrizar en Śrī Lanka, donde jugó un papel decisivo en el rescate de Sītā, la conyuge del Señor, y en la destrucción de la capital de Rāvaṇa, el enemigo jurado de Rāma.

5 Juego de palabras en inglés: «in order to be a hero, one should become a zero».

Por su devoción al Señor Rāma, trasladó la montaña ṛṣabhādri desde su ubicación en el Himālaya hasta Lanka, donde pudo resucitar con su hierba vivificante (*mṛtasañjīvanī*) a Lakṣmaṇa, el hermano de Rāma, y a otros soldados caídos del campamento de Rāma.

¿Cuál era el secreto que explicaba sus poderes sobrehumanos? El nombre del Señor. Hanumān tenía una fe plena en el poder del nombre divino. Cada átomo de su cuerpo reverberaba con la palabra «Rāma». Para Hanumān, «Rāma» no era solo un nombre sino un mantra, una invocación sumamente potente que le permitía lograr lo imposible. Creía de todo corazón que su cuerpo era tan solo el conducto para la energía divina de su amado maestro. Hanumān era tan sinceramente humilde como tremendamente fuerte. Por su entrega conquistó el corazón de Rāma, convirtiéndose en la piedra de toque de la devoción inmortal.

También nosotros podemos cultivar la idea de que solo somos instrumentos en manos de Dios. Pensad en un lapicero: solo puede escribir el guión más bello si está en manos de un maestro dramaturgo. Le sacarán punta periódicamente, pero ese dolor lo vuelve un mejor instrumento. Si se equivoca, podrá corregir el error con su goma. Un lapicero no se define por su color o su forma, sino por lo que hay en su interior, es decir, la mina. Por desafiante que sea la situación, si sigue escribiendo dejará una huella en el mundo.

Igualmente, todos nosotros podemos hacer grandes cosas, pero solo si permitimos humildemente que Dios nos tome en sus manos. Dicho de otra manera: es mejor escribir el guión de nuestra vida con un lápiz y dejar a Dios escribir nuestro destino con un bolígrafo. Como es infalible, hará lo que sea mejor para nosotros.

Actualmente estamos poseídos por el sentido exasperante de ser el «hacedor». Esta analogía desvelará lo equivocados que estamos: cuando la nieve de las montañas se funde con los rayos del Sol, se convierte en agua, que fluye como un río. El río refleja el Sol, que, junto con la gravedad, es el responsable de que fluya hacia el mar. ¡Qué ridículo sería que el río imaginara que fluye por sí mismo! Igualmente, lo que nos da vida es el Sol de la conciencia divina; la misma conciencia divina que duerme en los minerales, se mueve en las plantas y los animales en diversos grados y se expresa como conciencia en los seres humanos. Ese regalo de la conciencia solo le es concedido a los seres humanos, y, si no lo reconocemos y le hacemos justicia, perderemos la ocasión de cumplir nuestro objetivo en la vida.

Suponed que hay varias vasijas de agua. El Sol se refleja en cada una de ellas, pero eso no significa que haya muchos soles. Del mismo modo, el Sol de la divinidad brilla en cada uno de nosotros como conciencia. Esa visión de unidad, es decir, la capacidad de ver el denominador común entre las diferentes formas, es lo que diferencia a los seres iluminados de los demás. Los mahātmās no albergan la sensación ilusoria de la diferencia y, como se ven a sí mismos en los demás, son capaces de arrastrar a los demás espontáneamente, como un imán los fragmentos de hierro.

La individualidad es una ilusión, la idea equivocada de que somos diferentes de Dios. Nuestra sensación de diferencia es superficial. Parecemos diferentes y después pensamos que somos diferentes. Pensamos de manera diferente, y por eso nos enorgullecemos de las diferencias ideológicas. Pero nuestro yo esencial yace detrás de esos diferentes nombres y formas. Esa esencia existía antes de que tuviéramos un nombre o antes de que siquiera pudiéramos pensar. Es el fundamento de nuestra existencia.

En una ocasión, Emerson, el célebre ensayista, conferenciante y poeta estadounidense, dijo: «Todos los hombres son Dios haciendo el tonto». La necedad aumenta por la ilusión del libre albedrío. ¿Tenemos realmente libre albedrío? ¿Tiene una pelota que se lanza hacia arriba libre albedrío? Todas nuestras acciones son impulsadas por nuestras vāsanās. Las vāsanās determinan la dirección que nuestras acciones probablemente tomarán. Alguien que sea temperamental probablemente responderá en una determinada situación de manera diferente que alguien que no tenga esa tendencia. Por tanto, nuestras acciones están teñidas por nuestros condicionamientos anteriores. Igualmente, el balance kármico que hemos heredado de nacimientos anteriores determina cuánto «poder adquisitivo» tenemos en esta vida. Los que cargan con una pesada deuda kármica se encontrarán, por fuerza, en situaciones onerosas, mientras que los que nacen con un balance saludable de obras meritorias de vidas anteriores, encontrarán circunstancias más propicias. La única finalidad de la espiritualidad es eliminar las vāsanās. Para eso es esencial la guía de un maestro espiritual.

No obstante, nosotros somos los arquitectos de nuestro propio destino. Al realizar buenas acciones en el presente, podemos allanar nuestro camino para un futuro mejor. Al practicar el autocontrol, podemos borrar lentamente las vāsanās negativas. El sanātana dharma ratifica el poder del esfuerzo personal para contrarrestar el destino. Con qué empezamos es menos importante que cómo lo terminamos: eso significa esforzarse.

Una niña, la vigésima de veintidós hijos, nació prematuramente y su supervivencia era dudosa. Cuando tenía cuatro años, el virus de la polio le paralizó la pierna izquierda. Entonces tuvo que llevar una férula que le deformó la pierna. Cuando tenía nueve años se pudo quitar la férula de metal, de la que había estado dependiendo, y empezó a caminar sin ella, pero todavía tenía que llevar un zapato ortopédico que le sujetara el pie. En los siguientes años, sufrió también episodios de polio y de escarlatina. Cuando cumplió doce años dejó de llevar el zapato ortopédico, realizando así su sueño de ser como los demás niños. Ese año, esa chica decidió hacerse corredora. Participó en una carrera y llegó la última. Los siguientes años, fue la última en todas las carreras en que participó. Muchos le dijeron que abandonara, pero ella persistió. Un día, ganó una carrera, y después otra. Desde entonces, ganó todas las carreras en las que participó. Finalmente, la niña Wilma Rudolph acabó ganando tres medallas de oro de atletismo en los Juegos Olímpicos de 1960.

Su vida es un triunfo de lo adquirido sobre lo heredado. El destino no está necesariamente tallado en piedra. Nuestro papel en la vida se desarrolla según un guión con final abierto, que tenemos la libertad de cambiar por nuestras acciones y nuestra determinación. Dios, en su benevolencia, administra nuestro karma de tal manera que no solo agota nuestro prārabdha sino que también nos eleva. La ley del karma puede parecer severa y exigente, pero se templa con la compasión. El Creador sabe, mejor que nosotros, lo que necesita cada ser de su creación, y siempre actúa infaliblemente. Un poema muy conocido expresa las paradójicas maneras de actuar del Señor:

Cuando le pedí a Dios fortaleza,
me dio situaciones difíciles que afrontar.
Cuando le pedí a Dios inteligencia y fuerza,
me dio problemas que resolver.
Cuando le pedí a Dios felicidad,
me mostró a varias personas infelices.
Cuando le pedí a Dios riqueza,
me enseñó a trabajar duro.
Cuando le pedí a Dios privilegios,
me mostró ocasiones para trabajar duro.
Cuando le pedí a Dios paz,
me enseñó a ayudar a los demás.

> Dios no me dio nada de lo que yo quería;
> me dio todo lo que necesitaba.

Las experiencias de guerra de Victor Frankl, un psiquiatra que estuvo prisionero en Auschwitz, Dachau y otros campos de concentración durante la Segunda Guerra Mundial, fueron cuando menos horrendas. Su padre, su madre, su hermano y su esposa murieron en las cámaras de gas, y a él lo trataron como una bestia de carga. Todo ese tiempo estuvo expuesto a un frío polar, un hambre extrema y otras brutales privaciones. Bajo la presión implacable de un profundo trauma durante varios años, Frankl halló sentido en su sufrimiento y así encontró una razón para seguir viviendo. Sus experiencias confirmaron la verdad del famoso dicho de Friedrich Wilhelm Nietzsche, el célebre existencialista: «El que tiene un *porqué* para vivir puede soportar casi cualquier *cómo*».

Frankl habla de un día en que se sintió abrumado por el dolor (de llagas en los pies por calzar zapatos destrozados y caminar muchos kilómetros diarios), la preocupación de si recibiría suficiente alimento ese día y la ansiedad por los guardianes brutales que tendría que tratar. Cuando se dio cuenta de cómo estaba permitiendo que su mente quedara atrapada en esa confusión, fue capaz de poner distancia entre él y sus pensamientos y emociones. Utilizando la imaginación como una herramienta creativa, Frankl se imaginó a sí mismo dando una conferencia sobre la psicología del campo de concentración ante una audiencia embelesada en un auditorio bien iluminado, cálido y agradable. Dice: «Con ese método logré de algún modo superar la situación, superar los sufrimientos del momento y observarlos como si ya pertenecieran al pasado. Tanto yo como mis problemas nos convertimos en el objeto de un interesante estudio psicocientífico emprendido por mí ». Lo que Frankl describe aquí no es más que el convertirse en espectador de las situaciones de la vida.

Frankl observó de primera mano que las personas tenían la capacidad interior de superar la apatía y reprimir la cólera al margen de las circunstancias. Incluso en los horribles aprietos de la reclusión, el hambre y las torturas físicas que padeció durante la guerra, se dio cuenta de que se nos puede privar de todo excepto «de la última de las libertades humanas: elegir nuestra propia actitud bajo cualquier circunstancia, elegir nuestra propia forma de actuar». Las situaciones difíciles nos ofrecen la oportunidad de renunciar a nuestra dignidad y revelar nuestras tendencias más bajas, animales, egoístas y crueles o, por el contrario, armarnos de valor y activar nuestras reservas internas de abnegación y dignidad. Cuenta que uno de sus guardianes le dio en secreto un trozo de pan que había guardado de su propio desayuno.

Otras veces, durante las marchas forzadas sobre el hielo resbaladizo, cuando la fatiga absoluta estaba a punto de derrotar a los prisioneros, Frankl recurría a visualizar el rostro de su amada esposa con «una agudeza insólita. La oía responderme, la veía sonreír, su mirada franca y alentadora. Real o no, su mirada era entonces más luminosa que el Sol». Luego reflexionó: «Entendí que el hombre que no tiene nada en el mundo aún puede conocer la dicha. . en la contemplación de su amada. En una situación de desolación total... cuando su único logro puede consistir en soportar sus sufrimientos... el hombre puede, por la contemplación amorosa de la imagen que tiene de su amada, alcanzar la plenitud». Una vez más, Frankl halló la redención por la saludable práctica del pensamiento positivo y la actitud de testigo, aunque pueda no haber empleado esos términos.

Dios responde nuestras oraciones, pero quizá no de la manera que esperamos. Él espera esfuerzo por nuestra parte y, cuando cumplimos con nuestro deber, su gracia garantiza que resultemos ampliamente recompensados. No solo recibimos los frutos de nuestro trabajo sino que además nuestro corazón se vuelve más amplio gracias a la afinidad que se desarrolla con los demás. En última instancia, Dios quiere que todos comprendamos nuestra verdadera esencia divina. Todas las prácticas espirituales que Amma y los demás maestros nos han recomendado nos acercan más a Dios. Su palabra es nuestra garantía indefectible.

Los que conocen su Ser ya poseen los atributos que Kṛṣṇa enumeró cuando disertó sobre el sthita-prajñā, es decir: la falta de deseo, el desapego, la impasibilidad, la ecuanimidad ante lo bueno y lo malo, la retirada de los órganos de los sentidos respecto a los objetos sensibles.

Debemos esmerarnos por obtener esas cualidades mediante el esfuerzo. En ese sentido, cada buscador es una obra espiritual en curso, sea cual sea su nivel de logro espiritual.

Aunque el esfuerzo personal es una moneda válida en el mundo de la espiritualidad, lo que produce mayores dividendos es la gracia divina. Es como el sello de la moneda, que determina su valor. Hay que desplegar la vela del esfuerzo personal, pero al final es el viento de la gracia divina el que nos ayudará a progresar espiritualmente.

Epílogo:
«¿Tienes fe?»

Una vez, un hombre que llevaba mucho tiempo viajando por un bosque se detuvo a descansar bajo la sombra de un árbol. No sabía que el árbol era un *kalpa-vṛkṣa*, un árbol mágico que concede los deseos. Estaba agotado por el hambre y el cansancio, ya que llevaba tres días sin comer. Pensó: «¡Ojalá pudiera conseguir algo de comida deliciosa!». En cuanto el pensamiento surgió en su mente, un delicioso banquete apareció ante sus ojos. No pasó demasiado tiempo reflexionando sobre el dónde y el cómo de ese milagro. Simplemente comió todo lo que le apeteció. Cuando hubo terminado, le venció una languidez placentera y otro pensamiento surgió espontáneamente en su mente: ojalá tuviera una buena cama para dormir. Y, ¡presto!, una enorme cama con suaves sábanas y mullidas almohadas apareció justo delante de él. Con una sonrisa de oreja a oreja, se hundió en la lujosa cama.

Inmediatamente, sus vāsanās empezaron a levantarse. El pensamiento de las *apsaras*, las bellezas celestiales, le brotó en la cabeza, y pensó: «¡Si hubiera algunas aquí, la vida sería perfecta!». Y se encontró en la cama con unas damas celestiales de exquisita belleza. ¿Qué más podía pedir? Estaba fuera de sí de felicidad.

De repente, en la mente se le planteó una duda: «¿Y qué pasa si aparece un tigre y me ataca?» Ese fue su final.

Dios o el guru también son el kalpa-vṛkṣa. Cuando nos hemos refugiado a la sombra del árbol del dharma, debemos aprovechar al máximo la oportunidad excepcional de elevarnos espiritualmente. Tenemos la capacidad de elegir entre *śrēyas y prēyas,* lo bueno y lo placentero. La elección es nuestra. Elijamos sabiamente.

Según las escrituras hindúes, el objetivo de la vida es el *samādhi,* en el que la mente se instala en la Verdad. Es un estado de completa ausencia de deseos. La meta de la vida es el equilibrio mental perfecto. Eso es exactamente lo que Amma mostró al nacer en silencio.

El silencio del samādhi no es un vacío, sino una matriz con un potencial infinito. La historia del modo en que Vēda Vyāsa llegó a redactar el *Bhāgavata Purāṇa* es ilustrativa:

Un día, Vyāsa estaba solo a la orilla de un río. Inesperadamente, el sabio Nārada apareció ante él. Vyāsa lo recibió con la debida reverencia y los dos santos se pusieron a hablar. En un determinado momento, Vyāsa dijo:

—Aunque he compilado los cuatro *vēdas* y escrito muchos *purāṇas,* el *Brahmasūtram* y el *Mahābhārata,* todavía no estoy satisfecho. Oh Nārada, ten la bondad de decirme por qué.

Nārada respondió:

—Tus obras son realmente inmortales. Ahora, por medio de la concentración unidireccional, rememora las glorias de Śrī Kṛṣṇa, escribe tu obra maestra y alcanza la felicidad eterna.

Ese estado de concentración unidireccional y de silencio es un estado de inclusión en el que nuestra individualidad limitada se ha ampliado hasta incluirlo todo. Actualmente, nuestra vida es un flujo incesante de experiencias. Si podemos entender y analizar correctamente una experiencia, podemos entender toda la vida.

Todas las experiencias están constituidas por el experimentador, lo experimentado y la experiencia. El experimentador, el «yo» o el sujeto que experimenta todo, es el constitutivo fundamental. El segundo constitutivo, lo experimentado, se refiere al objeto o al mundo. El tercer constitutivo, la experiencia, es el vínculo entre los otros dos. La mayoría tienden a centrarse en el segundo y tercer constitutivos en lugar de en la dimensión primaria de la vida (el experimentador), aunque es el único que permanece con nosotros todo el tiempo. Decimos cosas como: «Vi una montaña bonita», «tuve sueños vívidos» o «dormí bien». Esas afirmaciones revelan la separación fundamental entre el «yo» y la experiencia. Apenas nos damos cuenta de esa distinción, porque el «yo» ha quedado oscurecido por la mente. Al identificarnos con la mente, que está densamente granulada por las vāsanās y la extroversión, nos convertimos en esclavos de sus órdenes.

La mayor parte de las personas son tan extrovertidas que carecen de conciencia. La ironía es que, a pesar de su conocimiento, no son conscientes de la conciencia divina que les da vida y los vivifica. Amma narra la historia de cómo Dios llegó a habitar en el corazón del hombre:

Dios creó la Tierra para tener un lugar donde vivir. Por eso hizo la Tierra hermosa, con árboles y plantas, animales y pájaros, montañas y valles, mares y ríos. Todo era perfecto. Tras muchos años de vida feliz, Dios decidió crear a los seres humanos. En cuanto tuvo ese pensamiento, los seres humanos existieron. Y desde ese día se le acabó la paz.

Los seres humanos empezaron a quejarse a Dios día y noche. Llamaban a su puerta incluso en medio de la noche. Pronto Dios perdió la paz mental. Hiciera lo que hiciera, la gente se quejaba. Cuando produjo lluvia en respuesta al campesino que se quejaba de la sequía, el alfarero se quejaba por la falta de sol. Nadie quería morir, pero los fabricantes de ataúdes siempre querían que la gente muriera.

Dios les preguntó a sus consejeros qué podía hacer. Algunos le aconsejaron que se fuera al Himālaya; pero, con su omnisciencia, Dios sabía que Hillary y los Sherpas, seguidos de otros montañeros, pronto escalarían el Everest. Cuando otros consejeros sugirieron que Dios se trasladara a la Luna, Dios dijo que Neil Armstrong ya estaba de camino hacia allí.

Se produjo un silencio. Al cabo de un rato, un anciano que era famoso por su sabiduría se acercó a Dios y le susurró algo al oído. El rostro de Dios se iluminó y empezó a sonreír.

—¡Maravilloso!— exclamó.

¿Qué le había dicho el anciano a Dios? «Escóndete en las profundidades del hombre. Este nunca pensará en buscar allí a Dios»

Uno de los mantras del *Aṣṭōttaram* de Amma es «*ōm antar-mukha svabhāvāyai namaḥ*»: «Saludamos a Amma, que por naturaleza está vuelta hacia el interior» (5).

Su mirada está vuelta hacia adentro, por así decirlo, porque la dicha se encuentra en el interior, no en la esfera de la experiencia material de los objetos de los sentidos. Mientras recitamos el *Aṣṭōttaram* diariamente, recordemos que debemos volvernos más introspectivos.

La meditación es un estado mental más que un proceso. Todos los intentos de meditar son, como dice Amma, solo pasos dados para alcanzar el estado de verdadera meditación. Cuando se trata de meditación, no hay que cometer el error de limitar nuestros esfuerzos solo al rato desde que nos sentamos en el *āsana*, el asiento de meditación, hasta que nos levantamos de él. Cada acción debe ser una preparación. Gradualmente, la mente se desliza hacia un estado meditativo y el que se instala en él, permanece tranquilo incluso en medio del torbellino la de actividad exterior. Una persona así tiene una conciencia sumamente elevada.

Había un sabio que se llamaba «Akṣapāda». «*Akṣa*» significa «ojo» y «*pāda*» significa «pie». Que tuviera «los ojos en los pies» significa que estaba muy alerta de cada uno de sus movimientos. Era consciente de cada paso que daba. Esa conciencia es el objetivo de la espiritualidad.

En todos los pasos que damos hacia la meta, tenemos que practicar la negación: «esto no, esto no». En sánscrito eso se llama *vyatirēka* (negación). Lo contrario de *vyatirēka* es *anvaya* (afirmación). Cuando hemos alcanzado el estado no dual, somos capaces de reconciliar e integrar todas las dispares experiencias de la vida en la inmensidad del Autoconocimiento. Si observamos a Amma, podemos intuir en Ella ese estado trascendental. Ella recibe a todo el que se Le acerca con amor y compasión infatigables y acepta todas las situaciones con plena atención. En medio del torbellino incesante del mundo, Amma permanece anclada en el Ser no dual. Tal vez hoy no haya un ejemplo mejor de una persona que vive en el mundo pero no es del mundo.

El guru es alguien que nos lleva a esa meta definitiva de la vida, y por eso en la cultura india se le pone en el pedestal más elevado. La *Guru Gītā* ensalza así al preceptor:

> *anēka janma samprāptaḥ karma bandha vidāhinē*
> *ātmajñāna pradānēna tasmai śrī guravē namaḥ*
>
> Saludamos al guru que, impartiendo el Autoconocimiento, quema todos los karmas acumulados durante innumerables vidas. (73)

El guru, como es nitya-mukta (siempre libre), es capaz de eliminar todas las ataduras de los karmas del discípulo y concederle la liberación espiritual. Verdaderamente, la grandeza y la gloria del guru no se puede expresar adecuadamente. Es diferente de otros profesores. A pesar de todo su conocimiento, un profesor normal desconoce su Ser, mientras que el guru es sabio, ya que conoce su Ser, y por tanto, el Ser de todos. Un profesor enseña con palabras y preceptos, mientras que el guru comunica por el silencio y el ejemplo. El profesor se basa en libros de texto; un guru, en el libro de la experiencia personal. Un profesor alimenta al estudiante con información; un guru vacía la cabeza del discípulo de necedad. Un profesor le enseña al estudiante a ser inteligente; un guru nos enseña a ser humildes. Un profesor se siente herido si el alumno no le muestra respeto. Un guru se siente herido si el discípulo le falta el respeto a cualquiera. Un profesor espera recibir algo del alumno, mientras que un guru da sin expectativa de devolución. Un profesor es una etapa transitoria en la vida del estudiante, mientras que un guru permanece con el *śiṣya* durante vidas enteras, hasta que el discípulo se ilumina.

¿Cómo podremos alguna vez retribuir a Amma por lo que ha hecho y está haciendo? No podremos. Sin embargo, sí que podemos intentar cultivar dos cualidades importantes: la fe y la lealtad. La fe no es algo que podamos adquirir intelectualmente. Es una convicción sincera. La siguiente historia ilustra la naturaleza de la fe.

Un erudito, que estaba dando un discurso sobre el poder de los nombres de Dios, dijo:

—El nombre de Dios es el barco que nos permite cruzar el mar del samsāra como si el mar no fuera más que un charco pequeño.

Varias lecheras del pueblo que pasaban por allí oyeron las palabras del erudito y las tomaron al pie de la letra. Pensaron: «¿Por qué pagar cada día una rupia al barquero cuando podemos cruzar el río recitando el nombre del Señor?» Su fe era simple, pero también fuerte. Al día siguiente, empezaron a recitar «Rāma» y de ese modo vadearon el río hasta la otra orilla para vender la leche.

Para expresarle su agradecimiento al erudito, una de las lecheras lo invitó a cenar en su casa y él aceptó. Cuando llegaron a la orilla del río, el erudito se detuvo, pero la lechera simplemente cruzó caminando, recitando «Rāma». Cuando llegó a la otra orilla y vio que el predicador todavía no había cruzado el río, volvió caminando para preguntarle qué pasaba. El erudito, pasmado por lo que le había visto hacer a la lechera, respondió que estaba esperando al barquero. Cuando ella le dijo que recitara «Rāma» y la siguiera, él dudó. Entonces, tomó una cuerda larga y se la ató a la cintura; le dio un extremo a la lechera y le pidió que cruzara con él sujetándola con fuerza. Entonces, el erudito empezó a recitar «Rāma» bastante lánguidamente y empezó a caminar hacia el agua. No es sorprendente que no se mantuviera a flote.

A diferencia de las diosas que se mantienen a flote sobre un loto, el erudito *tenía* ego, y, a diferencia de la lechera, *no tenía* fe. Y por eso se hundió.

Podemos encontrar otra historia conmovedora sobre la fe en los anales de las cruzadas cristianas. Cuando los cristianos estaban perdiendo la guerra en Jerusalén, un viejo guerrero les contó a los demás soldados un sueño que había tenido: el arcángel Gabriel se le había aparecido y le había dicho que una lanza que Jesucristo había tocado estaba enterrada allí y que si los cruzados pudieran encontrarla, ganarían la batalla. Cuando lo oyeron, todos los soldados se pusieron a cavar a la vez.

Tras horas de excavación, encontraron una lanza vieja y oxidada, que supusieron era la que Jesús había tocado. Entonces reanudaron la lucha con vigor renovado y pronto ganaron la batalla.

En el momento de su muerte, el viejo guerrero le confesó al sacerdote que se había inventado la historia de la lanza para elevar la moral de sus compañeros soldados y que así pudieran ganar la guerra santa en Jerusalén. Lo que es significativo aquí no es la mentira, sino la fortaleza que la fe había infundido a los hombres.

La perseverancia es una cualidad procedente de la lealtad. Igual que el perro callejero que se pegó a Yudhiṣṭhira mientras este ascendía lentamente hacia el cielo, un verdadero discípulo se adhiere a su guru contra viento y marea. El camino hacia Dios no está siempre cubierto de pétalos de rosa, pero, si permanecemos con Amma, seremos ampliamente recompensados con la mayor bendición.

Una vez Amma visitó la casa de una devota. Fue recibida por ella, una anciana, con la mayor devoción. Todo el tiempo llamaba a Amma «Kṛṣṇa» y la atiborraba de comida. Su comportamiento me recordó la historia de cuando la esposa de Vidura, que igual que su esposo era una ardiente devota del Señor, recibió a Kṛṣṇa. En un estado de devoción enloquecida, pelaba los plátanos que le quería ofrecer al Señor, desechaba la carne y le daba las cáscaras a Este. Kṛṣṇa aceptaba las cáscaras con placer porque veía el amor que había detrás de la ofrenda más que la ofrenda en sí misma. Del mismo modo, Amma parecía muy satisfecha con el servicio amoroso de esa devota.

Al cabo de un rato, fue a la sala de *pūja*, donde se realiza el culto ceremonial. Allí solo había una imagen: la del Señor Kṛṣṇa. La devota lo había adornado tan bellamente que la estatua parecía viva. Amma le dijo que Kṛṣṇa siempre probaba a sus devotos dándoles algún sufrimiento, que era su manera de fortalecer su devoción, y después le preguntó si tenía la intención de adorar solo a Kṛṣṇa. Amma sugirió que la devota colocara también en el altar estatuas o imágenes de otras deidades. La devota se negó categóricamente. Dijo que Kṛṣṇa era el único Dios que conocía y que tenía una fe plena en Él. Aunque veía a Amma como su guru, solo era porque estaba convencida de que Amma no era diferente de Kṛṣṇa. Sin embargo, la forma de Kṛṣṇa era tan cautivadora para ella que no quería adorar ninguna otra forma.

Cuando Amma oyó su respuesta, pareció satisfecha. En realidad, había estado probando la *ananya bhakti* de la devota, la devoción exclusiva a una forma. Las gōpīs de Vṛndāvan son aclamadas, hasta el día de hoy, por su pasión devoradora por el Señor; devoción que culminó en su absoluta saturación de conciencia de Kṛṣṇa.

Después de haber grabado el «*Śrī Rāmacandra Kṛpālu*» alrededor del 2002, sentí que mi devoción de toda la vida por el Señor Kṛṣṇa, mi iṣṭa dēva, estaba cambiando hacia el Señor Rāma. No entendía por qué. Durante aquella etapa no podía dejar de pensar sobre la vida de este último.

El Señor Rāma, aclamado como el *maryādā puruṣōttama*, era la personificación misma del dharma. La palabra «maryādā» se refiere a la conducta mejor y más noble. El término «puruṣōttama» significa «el mejor de los hombres». Juntando ambos, el epíteto significa que a Rāma se le consideraba el mejor de los hombres por su dedicación inquebrantable a la verdad y al dharma. Ningún verdadero santo se desvía nunca del dharma, pero, desde la comprensión limitada que proporciona una perspectiva humana, algunas de sus acciones pueden *parecer* cuestionables. Aun así, es menos probable que se cuestione la rectitud de las acciones de Rāma que la de las de Kṛṣṇa.

Además, a su famoso devoto y discípulo Hanumān se le considera una encarnación parcial de Rudra, es decir, del propio Señor Śiva, uno de los miembros de la Sagrada Trinidad. Para mí, eso significa que el Señor Śiva mismo quería servir a Rāma bajo la forma de Hanumān. Se dice que el Señor Śiva siempre está recitando el nombre de Rāma y que aconsejó a su consorte, Śrī Pārvatī, utilizar un mantra de Rāma. Dijo:

> *śrī rāma rāma rāmēti*
> *ramē rāmē manōramē*
> *sahasra nāma tattulyam*
> *rāma nāma varānanē*

> Oh, Varānanā (mujer de hermoso rostro), recito el nombre de Rāma

una y otra vez y así disfruto constantemente de ese bello sonido.
El nombre sagrado de Rāmacandra es igual a los Mil nombres del Señor Viṣṇu (Viṣṇu-sahasranāma-stōtram)

Esos pensamientos absorbieron mi mente durante un tiempo y, por primera vez en mi vida, sentía que el Señor Rāma era la más destacada de las divinidades. Ningún otro, comparado con Él, era ideal en todos los aspectos: un hijo amoroso, un cariñoso hermano, un fiel esposo, un amigo leal, un gobernante justo y un defensor incondicional del dharma. Nunca le confié esos pensamientos a nadie, ni siquiera a Amma.

Durante esa etapa, después de pasar unos días en Amṛtapuri, regresé a Pālakkāṭ. Era martes, el día en que Amma sirve un almuerzo de prasād a los residentes del āśram. A última hora de la tarde, un brahmacārī me llamó y me dijo que Amma había estado hablando de mí durante el satsang. Tenía curiosidad por saber lo que había dicho. Me dijo que Amma había hablado sobre el ardiente devoto que era del Señor Kṛṣṇa y de cómo había llorado desconsoladamente cuando antiguamente Ella detuvo su Kṛṣṇa Bhāva darśan. Y después había añadido: «Me pregunto si ahora está pensado en cambiar de iṣṭa-dēvatā».

Sin que yo le dijera ni una palabra a Amma, Ella había intuido la dirección en la que me estaba llevando la corriente de mis pensamientos.

Unas semanas después, cuando fui a Amṛtapuri, fui a ver a Amma a su habitación. Habló de diversos temas espirituales y al final llegó al tema de la muerte. Amma dijo:

—¡Qué fugaz es la vida! Una persona que hoy está aquí, mañana se ha marchado. Ese es el destino final de todos los seres.

Además, dijo que el ego o la mente era la muerte. El que vence el ego o la mente, vence la muerte. Amma dijo que «el que muere mientras está vivo» no muere. Por paradójico que parezca, lo que Amma quería decir es que el que ha muerto a la existencia física (es decir, el que ha nacido a la existencia espiritual) nunca experimentará la aniquilación porque está en sintonía con la experiencia espiritual pura y eterna. Como observó el Buda: «Quien ha vivido sabiamente no debe temer ni la muerte».

De repente, Amma tomó un anillo que estaba en una mesita auxiliar y me lo deslizó en el dedo. Cuando lo miré, me quedé asombrado al ver el sello de una flauta en una hoja de baniano. Esa imagen está estrechamente vinculada al Señor Kṛṣṇa. Amma no dijo nada; no tenía que hacerlo. Ya había entendido su indirecta: que no debemos cambiar nuestro iṣṭa-dēvatā, con el que el jīvātmā lleva vidas enteras relacionado por los lazos de la devoción. Esa experiencia supuso el final de mi obsesión por el Señor Rāma y restableció mi devoción innata por Kṛṣṇa.

Podemos aprender de una humilde abeja la importancia de la lealtad. A diferencia de otros insectos que polinizan, la abeja es especialmente notable porque busca el polen de una única especie de flores, lo que garantiza la proliferación de esa especie. A otros insectos solo les interesa buscar polen y en consecuencia muchas flores quedan sin fertilizar. Igual que la abeja demuestra fidelidad floral, nosotros debemos ser fieles a nuestro guru. Hacerlo no es señal de un comportamiento sectario, sino una expresión de amor unidireccional, que las escrituras afirman es un ingrediente necesario para el progreso espiritual. Como advirtió un chistoso: si vamos a un médico, obtenemos una receta; si vamos a dos, confusión; si vamos a tres, una incineración.

A veces, el guru puede mostrar enojo y alejarse en apariencia de nosotros. Ahí es cuando un verdadero devoto o discípulo demuestra su entereza. La historia de Viṭhōba, el padre de Jñānēśvar, el ilustre santo de Mahārāṣtra del siglo XIII, es reveladora. Aunque estaba casado, el desapasionado Viṭhōba se lo había ocultado a su guru Śrīpāda Swāmi y aceptó sannyāsa de él. Cuando su guru se enteró, le reprendió y le dijo que volviera con su esposa y llevara la vida de un seglar. Ante eso, Viṭhōba le suplicó a su guru. Su exaltada súplica fue humilde pero firme, una defensa lírica de la lealtad y la fidelidad. Dijo esto:

> Oh, maestro, no recurriré a nadie más. Una mujer casta no elegirá siquiera a la trinidad de dioses antes que a su marido. Del mismo modo, no buscaré refugio en nadie más. Aunque el marido sea un pícaro, ¿irá ella en busca de un hombre

> respetable? A pesar de su mala reputación, ¿no lo adorará solo a él como a su Señor? ¡Qué destino le espera a un discípulo que abandona a su guru y le busca defectos! Recuerda el destino de Triśanku, que fue condenado al ostracismo por la sociedad por abandonar a Vasiṣṭha, su guru. He apostado por ti y, por tanto, no volveré sobre mis pasos ni cambiaré de dirección. ¿Por qué me haces pasar por esta prueba? Por favor, ten la bondad de destruir mi ego, corta en pedazos el nudo de la ignorancia, concédeme el conocimiento de mi Ser y otórgame la dicha eterna.

Su afirmación de que una esposa casta debe serle leal a un marido amoral puede sonar anacrónica o incluso insensata en nuestros días. Sea como fuere, la idea predominante de Viṭhōba es la de lealtad permanente a nuestro propio guru. Tener devoción a nuestro guru es una señal de la gracia de Dios. No es diferente de tener amor a Dios, porque el guru es uno con Dios. Sentir esa devoción ardiente en la presencia física de Amma es relativamente fácil. Alimentar la llama de la bhakti cuando estamos lejos de Ella es un reto.

El santo bengalí Caitanya Mahāprabhu, que fue aclamado como la encarnación del amor divino, es un paradigma de la verdadera devoción. Durante una de sus giras por la India, vio un programa religioso en el que había mucha gente recitando la *Bhagavad Gītā*. Entre ellos vio a un hombre que derramaba lágrimas copiosamente. Caitanya Mahāprabhu se acercó al hombre por pura curiosidad, y vio que no estaba recitando las estrofas. De hecho, ni siquiera tenía la *Gītā*. Le preguntó al hombre por qué no estaba recitando con los demás. El hombre respondió:

—No puedo leer ni entender los versos en sánscrito, pero cuando oigo la recitación, veo a Śrī Kṛṣṇa en el campo de batalla de Kurukṣētra dándole la sabiduría divina a Arjuna. Cuando pienso en la gloria infinita y la compasión del Señor, ¿cómo no voy a llorar?

Amma ha asegurado en repetidas ocasiones a sus hijos: «Donde hay amor la distancia no es una barrera». Y pone el ejemplo del modo en que los rayos del Sol hacen que un loto florezca en la Tierra a pesar de que el Sol se encuentre muy lejos. Ese ejemplo puede animarnos. Aunque la distancia física entre Amma y nosotros sea muy grande, podemos adorar a Amma o a Dios en nuestro corazón, que es su verdadera morada. A pesar de que la separación entre Dios y nuestro corazón pueda parecer insuperable debido a nuestras limitaciones, hay que recordar siempre que la Madre Divina es la más misericordiosa. El *Laḷitā Sahasranāma* dice que Ella destruye hasta el mayor de los pecados: *Om mahā pātaka nāśinyai namaḥ* (214). Lo que importa es el esfuerzo que hagamos para superar la aparente separación entre Amma y nosotros. Más que cualquier otra cosa, hay que ser sinceros con nosotros mismos sobre cuánto queremos a Amma y la vida espiritual.

Hace unos años, encontrándome en Santa Fe (Nuevo Méjico), estaba escuchando con gran devoción algunos bhajans de Kṛṣṇa. Uno de ellos en particular, que describía al Señor y sus *līlās* (juegos divinos), me conmovió tanto que me emocioné mucho. Sentía profundamente el amor reverencial en la voz del cantante, y tal era la belleza de su canto que me puse a llorar a lágrima viva. Cuando finalmente se cerró la compuerta de lágrimas, sentí una gran necesidad de ver a Amma. Eran alrededor de las seis y media de la tarde. Fui directamente a la habitación de Amma en el āśram de Santa Fe. Ella estaba a punto de salir para los bhajans. En cuanto me vio, dijo con una radiante sonrisa:

—¡Praṇavam! ¿Qué te trae por aquí? Amma estaba justo pensando en ti.

Parecía estar de muy buen humor. Mirando hacia atrás, me pareció que debió de ser porque yo había estado contemplando devotamente las glorias del Señor, y Amma, que es una con el Ser Supremo, se debió de percatar de mi fervor devocional. Sin más preámbulo, estallé emocionalmente:

—¡Amma! Quiero que me bendigas. Si me tengo que reencarnar...

Antes de que pudiera completar la frase, Amma dijo:

—...estarás conmigo. No te preocupes, hijo. Si te reencarnas siempre estarás conmigo.

Las palabras de Amma me hicieron sentirme sumamente tranquilo. Unos dos meses antes de la publicación de este libro, me encontraba en su habitación. Los pensamientos de qué Maestra tan gloriosa era, tan amorosa, amable y compasiva, me abrumaban completamente. Me puse a sollozar sin poder contenerme. En ese estado tan emotivo, le dije a Amma:

—El Señor Kṛṣṇa se encarnó hace unos cinco mil años, durante el Dvāpara Yuga. Y ahora Tú te has encarnado y estás con nosotros. ¿Cuánto tiempo pasará hasta que honres de nuevo la tierra con tu divina presencia? ¿Qué pasa si tengo que reencarnarme nuevamente poco después de morir? ¡No me puedo imaginar en absoluto la vida sin ti!

Rompí a llorar incontrolablemente.

Mirándome con inmensa compasión, Amma me secó las lágrimas de la cara. Luego, tomando mis manos con las suyas, dijo con énfasis:

—Amma te está dando su palabra de que solo te reencarnarás cuando Amma vuelva de nuevo a la Tierra. Siempre estarás conmigo.

Cuando oí esas palabras, con su dulce inyección de amor maternal y esperanza divina, me sentí inmensamente entusiasmado. ¿Por qué gracia he llegado bajo este árbol divino de los desos, este kalpa-vṛkṣa?

Que la gracia divina de Amma nos guíe a todos hasta el resplandor infinito del alma.

VIMAL

Glosario

abhyāsa Práctica espiritual constante.

adharma Falta de rectitud. Distanciamiento de la armonía natural.

ādhibhautika Perteneciente a algo del mundo material.

ādhidaivika Perteneciente a una fuerza invisible.

Ādi Śankarācārya Santo que se cree vivió entre los siglos VIII y IX EC; es venerado como un guru y el principal autor de la filosofía advaita (no dual).

adhyātmā Perteneciente al ātmā, el Ser.

ādhyātmika Perteneciente a algo de origen espiritual.

adṛṣṭa phalam Literalmente «el fruto no visible». Se refiere a las consecuencias no manifiestas de la acción.

advaita No dos; no dual; filosofía que sostiene que el jīva (alma individual) y el jagat (universo) son básicamente uno con Brahman, la Realidad Suprema.

Agni Dios Fuego y deidad que preside el habla.

aham «Yo»; usado en los discursos vēdānticos para referirse al sujeto de toda experiencia; distinguido del idam.

Akbar Uno de los emperadores de la dinastía mogola de la India, que gobernó de 1556 a 1605 EC.

Amma «Madre» en malayálam.

Amṛtapuri Sede internacional del Mātā Amṛtānandamayī Maṭh, ubicado en el lugar de nacimiento de Amma, en Kérala (India).

Ananta «Sin fin» o infinito. Rey de los nāgas (deidades serpientes). A Viṣṇu se le representa a menudo recostado sobre él. Se dice que en sus capuchas contiene todos los planetas.

anvaya Afirmación, conformidad o acuerdo; conexión o relación; a menudo contrastado con vyatirēka.

ārati Movimiento en el sentido de las agujas del reloj con una lámpara en la que se quema alcanfor para propiciar a una deidad; por lo general significa el final de una adoración ceremonial.

arcana Letanía en la que se recitan los nombres divinos.

arcanam Adoración del Señor; véase: nava-vidha-bhakti.

Arjuna El tercer hermano Pāṇḍava, amigo íntimo de Kṛṣṇa.

āsana Un asiento, a menudo una tela sobre la que el buscador medita o realiza cualquier otra práctica espiritual; en haṭha yōga, una determinada postura.

āśram Monasterio. Amma lo define como la combinación de: «ā», «eso», y «śramam» «esfuerzo» (hacia el autoconocimiento).

aṣṭōttaram Letanía de ciento ocho atributos.

ātmā Ser o Alma.

ātmanivēdanam Entrega de sí mismo; véase: nava-vidha-bhakti.

aum/ōm Sonido primordial del universo; la semilla de la creación; el sonido cósmico, que se puede oír en la meditación profunda; el mantra sagrado, que se enseña en las upaniṣad, que significa Brahman, el fundamento divino de la existencia; en la meditación que enseña Amma, el sonido que sincronizamos mentalmente con cada espiración en la fase inicial (antes de que el sonido se disuelva en la respiración).

avadhūta Persona iluminada, cuyo comportamiento no se corresponde con las normas sociales.

avatar Encarnación divina.

Ayōdhyā Antigua ciudad india donde nació Rāma, escenario del Rāmāyaṇa.

Ayyappa Deidad hindú que nació de la unión de Śiva y Mōhinī, una encarnación femenina de Viṣṇu.

Bhadrakāḷī Una forma propicia de Kāḷī que protege lo bueno; véase Kāḷī.

Bhagavad Gītā Literalmente, «Canción del Señor», que consta de dieciocho capítulos con estrofas en los que el Señor Kṛṣṇa aconseja a Arjuna. Le da consejos en el campo de batalla de Kurukṣētra, justo antes de que los rectos Pāṇḍavas luchen contra los malvados Kauravas. Es una guía práctica para superar las crisis de nuestra vida personal o social, y es la esencia de la sabiduría védica.

bhajan Canción devocional o himno de alabanza al Señor.

bhakta Devoto.

bhakti Devoción al Señor.

bhakti mārga Camino de la devoción.

bharaṇi Género poético que se emplea para glorificar a los héroes militares.

Bharata Hermano de Rāma.

bhāva Estado de ánimo divino; actitud.

bhāvanā Imaginación; «provocar la existencia».

Bhīṣma Personaje del Mahābhārata, hijo del rey Śantanu y tío abuelo de los Pāṇḍavas y de los Kauravas.

bilva Aegle marmelos. Las hojas de este árbol son sagradas para los hindúes.

Bīrbal El consejero de la corte de Akbar, famoso por su ingenio y sabiduría.

Brahmā El dios de la creación en la Trinidad hindú.

Brahma-lōka El mundo de Brahmā, el creador.

Brahman La Verdad esencial, más allá de cualquier atributo; la Realidad Suprema que subyace a toda vida; el fundamento divino de la existencia.

Brahmasthānam Literalmente, «lugar de Brahman». Nombre de los templos que Amma ha consagrado en distintos lugares de la India y en Mauricio. El santuario del templo contiene una imagen extraordinaria de cuatro caras que simboliza la unidad que subyace a las diversas formas divinas.

Brahma Sūtram «Aforismos sobre la Verdad Esencial», uno de los tres textos canónicos del vēdānta, resumen de las enseñanzas de las upaniṣad.

brahmán El que pertenece a la casta sacerdotal. Las cuatro castas de la sociedad india son: brāhmaṇa (el clan de los sacerdotes), kṣatriya (el clan militar), vaiśya (la comunidad de los comerciantes) y śudra (la comunidad de los trabajadores)

Buda «El Despierto»; de «budh» (conocer, despertar); una denominación de Gautama Buda.

buddhi Intelecto.

Caitanya Conciencia Divina.

dama Control de los sentidos, o control tanto de los jñāna indriyas (órganos de percepción) como de los karma indriyas (órganos de acción).

darśan Audiencia con una persona santa o una visión de lo Divino.

Daśaratha Padre de Rāma.

dāsyam La actitud de servidor de Dios; véase nava - vidha-bhakti.

Dēvakī Madre de Kṛṣṇa.

Dēvī Diosa / Madre Divina.

dharma Literalmente, «lo que sostiene (la creación)». Generalmente se utiliza para referirse a la armonía del universo, un código de conducta recta, el deber sagrado o la ley eterna.

dōśa Panqueque indio.

Draupadī La esposa de los Pāṇḍavas, también conocida como Pāñcālī.

Drōṇa También conocido como Drōṇācārya, era el maestro de artes militares tanto de los Pāṇḍavas como de los Kauravas.

dṛṣṭa phalam Literalmente, «fruto visible». Se refiere a las consecuencias visibles de las acciones.

Durvāsa Sabio de la antigüedad conocido por su temperamento airado.

Duryōdhana El mayor de los cien hijos del rey Dhṛtarāṣṭra y la reina Gāndhārī, jefe del clan de los Kaurava y pretendiente al trono de Hastinapura.

Duśśāsana Un príncipe Kaurava, segundo hijo del rey Dhṛtarāṣṭra y la reina Gāndhārī y hermano menor de Duryōdhana, desacreditado por intentar desnudar a Draupadī.

dvaita Dualidad; la filosofía que sostiene que Īśvara (Dios) y el jagat (universo) están separados y son reales eternamente, siendo Dios la única realidad independiente.

Dvāpara Véase yuga.

Dvāraka Capital del reino que Kṛṣṇa estableció después de dejar Mathura.

Gōkula Pueblo cercano a Mathura donde Kṛṣṇa pasó su infancia.

gōpa Joven vaquero de Vṛndāvan.

gōpī Lechera de Vṛndāvan. Las gōpīs eran famosas por su devoción ardiente por el Señor Kṛṣṇa. Su devoción es ejemplo del amor más intenso a Dios.

gōpuram Torre monumental situada en la entrada de los templos del sur de la India.

guṇa Una de las tres cualidades, a saber: sattva, rajas, y tamas. Los seres humanos manifiestan una combinación de estas tres cualidades. Las cualidades sáttvicas están relacionadas con la calma y la sabiduría; rajas con la actividad y la inquietud; tamas con la insulsez, lo aburrido y la apatía.

guru Maestro espiritual.

Guru Gītā Estrofas sagradas que glorifican al guru.

Hanumān Uno de los devotos más importantes de Rāma. Dirigió un ejército de vānaras (monos) en Lanka y ayudó a derrocar el régimen de Rāvaṇa.

haṭha yōga Ejercicios físicos, o āsanas, diseñados para mejorar el bienestar general, tonificar el cuerpo y abrir los diferentes canales del cuerpo para favorecer el flujo energético.

idam «Este»; el universo; se utiliza en los discursos vedánticos para designar el objeto de toda experiencia; distinguido de aham.

īśvara-kṛpā Gracia Divina.

Indra Jefe de los dēvas (dioses) y dios de la lluvia y las tormentas.

iṣṭa-dēvatā La forma preferida de la divinidad.

Janaka Padre de Sītā y gobernante de Mithila.

jananam Nacimiento.

janma Lo mismo que jananam; se puede interpretar su significado como el tiempo que va del nacimiento (jananam) a la muerte (maraṇam).

japa Recitación constante de un mantra.

jīva / jīvātmā Ser individual o Alma.

jñāna Conocimiento de la Verdad.

jñāna mārga Camino del conocimiento. En este camino, el conocimiento de la identidad entre Brahman y el Ser brota a partir de la escucha (śravaṇa), la reflexión (manana) y la meditación (nididhyāsana).

jñānī Conocedor de la Verdad.

kadamba Neolamarckia cadamba, un árbol tropical de hoja perenne.

kaḷari Por lo general, centro para el entrenamiento en artes marciales; aquí se refiere al templo donde Amma solía llevar a cabo los darśan de Kṛṣṇa Bhāva y Dēvī Bhāva.

karma Acción; actividad mental, verbal o física.

karma yōga La vía de la acción dedicada, el camino del servicio desinteresado.

Kāḷī Diosa de aspecto terrorífico; está representada como de color oscuro, con una guirnalda de calaveras y un cinturón de manos humanas; el femenino de Kāla (el tiempo).

Kaikēyī Una de las tres esposas del rey Daśaratha; madre de Bharata; instigó el exilio de Rāma de Ayōdhyā.

Kali Yuga Véase yuga.

kalpa Un día del Señor Brahmā; alrededor de 4,32 mil millones de años; cada kalpa se compone de mil mahāyugas, y cada mahāyuga contiene cuatro yugas. Abarca el período desde la creación hasta la disolución; véase yuga.

kalpa-vṛkṣa Árbol mítico que concede deseos.

kāma Específicamente, lujuria; en general, deseo.

Kāmadhēnu «Vaca de la abundancia» que le proporciona a su dueño lo que desee.

Kamsa Tío materno de Kṛṣṇa, que derrocó a su padre y usurpó el trono de Mathura.

kāmya bhakti Devoción basada en el deseo de un objeto; distinta del tattvattilē bhakti.

Kaṇvāśram Centro espiritual relacionado con el Maharṣi Kaṇva.

Karṇa Uno de los guerreros más importantes de la guerra del Mahābhārata; a pesar de ser hijo de Kuntī, la madre de los Pāṇḍavas, luchó con Duryōdhana al lado de los Kaurava.

Kāśī También conocido como Vārāṇasī o Benāres; ciudad santa de India situada a orillas del río Ganga, en el estado de Uttar Pradēsh.

Kēśava Nombre de Viṣṇu; «el de pelo (kēśa) largo»; «el que destruyó al demonio Kēśi»; por tanto, uno de los epítetos de Kṛṣṇa.

kīrtanam Recitación de los nombres del Señor; véase nava-vidha-bhakti.

krōdha Ira.

kṛpā Gracia.

Kṛṣṇa De «kṛṣ», que significa «atraer hacia sí» o «eliminar el pecado»; la encarnación principal del Señor Viṣṇu. Nació en una familia real, pero lo criaron padres adoptivos y vivió como un joven vaquero en Vṛndāvan, donde era amado y adorado por sus devotos compañeros, las gōpīs y los gōpas. Más tarde, Kṛṣṇa se instaló en la ciudad de Dwāraka. Fue amigo y consejero de sus primos, los Pāṇḍavas, especialmente de Arjuna, al que sirvió de cochero durante la guerra del Mahābhārata y a quien reveló sus enseñanzas en la Bhagavad Gītā.

kumkum Polvo de azafrán; lo utilizan los devotos como una marca religiosa en la frente.

Kuntī Madre de los Pāṇḍavas y de Karṇa y tía paterna de Kṛṣṇa.

Kurukṣētra Campo de batalla dónde se libró la guerra entre los Pāṇḍavas y los Kauravas; también, metáfora del conflicto entre el bien y el mal.

Lakṣmaṇa Hermano menor de Rāma.

Lakṣmī Diosa de la riqueza y la prosperidad y consorte de Viṣṇu.

līlā Juego divino.

Mā «Madre»; en la meditación que Amma enseña, «Mā» es el sonido que sincronizamos mentalmente con cada inspiración en la fase inicial (antes de que el sonido se disuelva en la respiración).

Mahābali Un gran gobernante de los demonios, que alcanzó el conocimiento de Dios por medio del ātmanivēdanam (entrega de sí).

Mahābhārata Antigua epopeya india escrita por el sabio Vyāsa que narra la guerra entre los rectos Pāṇḍavas y los malvados Kauravas.

maharṣi «Gran (mahā) ṛṣi ». Véase ṛṣi.

mahatma Literalmente, «gran alma». Se usa para designar al que ha alcanzado el conocimiento espiritual.

malayāḷam Idioma que se habla en el estado indio de Kēraḷa.

mānasa pūja Adoración ceremonial que se realiza por visualización.

mantra Un sonido, sílaba, palabra o varias palabras de contenido espiritual. Según los comentadores védicos, los mantras les fueron revelados a los ṛṣis mientras se encontraban en meditación profunda.

maraṇam Muerte.

mauna Silencio; el cese de pensamientos o dudas mentales.

Māyā El engaño cósmico, personificado como la Tentadora; ilusión; apariencia, a diferencia de la Realidad; el poder creativo del Señor.

Mīnākṣī Literalmente, la que tiene los ojos en forma de pez; una forma de la Diosa. Esta forma está consagrada en un templo de Madurai; de ahí el sobrenombre «Madurai Mīnākṣī».

Mēlpattūr Mēlpattūr Nārāyaṇa Bhaṭṭatiri fue un erudito que compuso el Nārāyaṇīyam.

mōn «Hijo» en malayāḷam.

mṛdangam Tambor del sur de la India.

mūla mantra Mantra raíz vinculado a pujas específicas de un templo.

nava-vidha-bhakti Nueve modalidades de devoción, a saber: śravaṇam (escuchar las glorias del Señor), kīrtanam (recitar el nombre del Señor), smaraṇam (recordar al Señor y su juego divino) pādasēvanam (servir los pies del Señor), arcanam (adorar al Señor), vandanam (postrarse ante el Señor), dāsyam (convertirse en un servidor del Señor), sakhya (convertirse en un amigo del Señor) y ātmanivēdana (entregarse completamente al Señor).

Nārada Sabio trovador que se dedicaba a cantar las alabanzas de Viṣṇu. Escribió los Nārada Bhakti Sūtras, los aforismos sobre la devoción.

Nārāyaṇīyam Un poema sánscrito que resume el Bhāgavata Purāṇa.

ñāval Ciruela negra.

navarasa En el arte y la danza de la India, los nueve sentimientos estéticos que se consideran emociones puras.

nitya-mukta Eternamente libre.

ōm Véase aum.

pādābhiṣēkam Lavado de pies ceremonial.

Pāñcālī Véase Draupadi.

Pāṇḍavas Los cinco hijos del rey Pāṇḍu, primos de Kṛṣṇa.

pappaṭam Torta frita crujiente, como una oblea, normalmente de forma circular y hecha de harina de lentejas.

Paramātmā El Ser Supremo.

Parīkṣit Nieto de Arjuna. Debido a un acto imprudente fue maldecido con morir de una mordedura de serpiente. Pasó la última semana de su vida escuchando los iluminadores discursos espirituales de Śuka.

pīṭham Plataforma baja; asiento para el guru; un centro de aprendizaje y poder; un lugar sagrado, como el Śakti Pīṭha.

prārabdha Las consecuencias de las acciones de vidas anteriores que estamos destinados a experimentar en la vida actual.

prasād Ofrenda bendecida o regalo de una persona santa o un templo, a menudo en forma de alimento.

prēyas Lo placentero, que nos aleja del bienestar espiritual; a menudo contrastado con śrēyas.

pūja Ritual o ceremonia de adoración.

Pūntānam Pūntānam Nambūtiri, un poeta coetáneo de Mēlpattūr y devoto de Guruvāyūrappan, que es una manifestación del Señor Viṣṇu. Autor de Jñānappāna («Canción de sabiduría»), escrita en malayāḷam.

puṇya Mérito.

purāṇa puruṣa Ser ancestral, pero siempre fresco y nuevo.

Purāṇas Compendios de historias, que incluyen biografías e historias de los dioses, reyes santos y personas importantes, alegorías y crónicas de los grandes acontecimientos históricos que intentan hacer la enseñanza de los vēdas sencilla y accesible a todos.

puruṣārtha Los cuatro objetivos de la vida humana, a saber: dharma (ética personal), artha (adquisición de riqueza material), kāma (satisfacción de los deseos) y mōkṣa (liberación espiritual).

pūṭṭu Elemento del desayuno del sur de la India, hecho de harina de arroz.

rājasūya yajña Gran sacrificio, muy elaborado, que realizaban en la antigua India los reyes que se consideraban a sí mismos gobernantes soberanos.

Rāma El héroe de carácter divino de la epopeya Rāmāyaṇa. Una encarnación del Señor Viṣṇu, considerado el ideal del dharma y la virtud. «Ram» significa «deleitarse», el que se deleita en Sí mismo; el principio de la alegría interior; también el que alegra los corazones de los demás.

Ramaṇa Maharṣi Maestro espiritual iluminado (1879 – 1950) que vivió en Tiruvaṇṇāmalai, en Tamiḷ Nāḍu. Recomendaba la autoindagación como camino hacia la Liberación, aunque aceptaba distintos caminos y prácticas espirituales.

Rāmānuja Teólogo, filósofo y exegeta hindú (1017 – 1137 EC), principal exponente del viśiṣṭādvaita.

Rāmāyaṇa Poema épico de veinticuatro mil estrofas sobre la vida y la época de Rāma.

rasa Estado mental esencial; éxtasis espiritual; una de las nueve emociones clásicas (navarasa).

Rāvaṇa Rey de Lanka y principal antagonista en el Rāmāyaṇa.

ṛṣi Sabio al que se le revelaban los mantras en meditación profunda.

Śabarimala Templo de los Ghats occidentales de Kēraḷa, dedicado al Señor Ayyappa.

Sadāśiva Brahmēndra Santo del siglo XVIII, compositor de canciones y filósofo advaita.

sādhana Régimen de disciplina y prácticas espirituales constantes que conduce a la meta suprema del Autoconocimiento.

sādhak Aspirante o buscador espiritual.

sādhu Persona santa o aspirante espiritual.

sakhyam Una forma de devoción en la que el devoto considera a Dios un amigo y compañero; véase nava-vidha-bhakti.

sākṣi bhāva Actitud de testigo.

Śakti Poder; personificación de la Madre Universal; principio de la energía pura asociada a Śiva, el principio de la conciencia pura.

Śaktibhadra Famoso poeta de Kēraḷa que escribió el poema sánscrito «Āścarya Cūḍāmaṇi», coetáneo de Ādi Śankarācārya.

Śākyamuni Literalmente, «el silencioso del clan de los Śakya», un epíteto de Buda.

śama Control de la mente.

samādhi Literalmente, «cese de todos los movimientos de la mente»; unidad con Dios; un estado transcendental en el que perdemos toda la sensación de identidad individual; unión con la Realidad Absoluta; un estado de intensa concentración en que la conciencia está completamente unificada.

samsāra Ciclo de nacimientos y muertes; el mundo del flujo; la rueda del nacimiento, el deterioro, la muerte y el renacimiento.

samskāra La totalidad de los rasgos de personalidad que hemos adquirido como resultado de los condicionamientos experimentados a lo largo de muchas vidas. También se puede interpretar como el grado de purificación interior o carácter.

sankalpa Resolución divina, generalmente atribuida a los mahātmās.

sánscrito Idioma indoeuropeo antiguo; el idioma de las escrituras hindúes más antiguas.

śānti Paz espiritual.

sannyāsa Voto formal de renuncia.

sannyāsī Monje que ha hecho votos formales de renuncia (sannyāsa); tradicionalmente se viste con una túnica de color ocre, que representa el fuego que quema todos los deseos. El equivalente femenino es sannyāsinī.

Saraswatī Diosa del aprendizaje y las artes.

śāstra Ciencia; en el contexto de este libro, los textos espirituales acreditados.

satsang Estar en comunión con la Verdad Suprema. También, estar en compañía de mahātmās, estudiando las escrituras o escuchando una charla o debate espiritual; participación en prácticas espirituales en grupo.

sattva Véase guṇa.

sēva Servicio desinteresado cuyo resultado está ofrecido a Dios.

śīrṣāsana Postura sobre la cabeza.

Sītā La consorte sagrada de Rāma. En la India, se la considera el ideal de la feminidad.

Śiva Es adorado como el primero y el más importante de los gurus y como el sustrato sin forma del universo en unión con Śakti. El Señor de la destrucción en la Trinidad de Brahmā (el Señor de la Creación), Viṣṇu (El Señor de la Conservación) y Mahēśvara (Śiva).

smaraṇam Recordar al Señor y su juego divino; véase nava-vidha-bhakti.

śraddhā Atención; fe.

śravaṇam Oír las glorias del Señor (véase nava-vidha-bhakti); diferente del śravaṇa del jñāna mārga.

śrēyas Lo bueno, lo que favorece el bienestar espiritual de una persona; a menudo contrastado con prēyas.

Śrī Título de respeto que originalmente significaba «divino», «santo» o «propicio»; ahora, en la India moderna, tan solo es una forma de trato de respeto, parecida a «Señor».

Śrī Laḷitā Aṣṭōttaram Letanía sagrada de ciento ocho atributos de Śrī Laḷitā Dēvī, la Diosa Suprema.

Śrī Laḷitā Sahasranāma Letanía sagrada de mil nombres de Śrī Laḷitā Dēvī, la Diosa Suprema.

Śrī Laḷitā Triśatī Letanía sagrada de trescientos nombres de Śrī Laḷitā Dēvī, la Diosa Suprema.

Śrīmad Bhāgavatam Conocido también como el Bhāgavatam o el Bhāgavata Purāṇa (que significa «Historias sagradas del Señor Supremo»), uno de los textos puránicos del hinduismo. Contiene historias de las encarnaciones de Viṣṇu, incluida la vida y los juegos de Kṛṣṇa.

Śrī Rāmakṛṣṇa Paramahamsa Maestro espiritual del siglo XIX, de Bengala Occidental, aclamado como el apostol de la armonía religiosa. Suscitó un renacimiento espiritual que sigue influyendo en la vida de millones de personas.

sthita-prajñā Persona de sabiduría firme.

sudarśana cakra Arma en forma de disco giratorio; vinculada al Señor Viṣṇu. ŚukaHijo de Vyāsa y principal narrador del Bhāgavatam.

swāmi Título del que ha hecho el voto de sannyāsa.

Swāmi Rāma Tīrtha El más notable maestro de vēdānta que predicó en Occidente después de Swāmi Vivēkānanda.

Swāmi Vivēkānanda Discípulo monástico principal de Śrī Rāmakṛṣṇa Paramahamsa.

Syamantaka Piedra preciosa mitológica con poderes mágicos.

tabla Par de tambores perteneciente a la tradición musical del subcontinene indio.

tapas Ascesis, penitencia.

tattvattilē bhakti Devoción basada en la comprensión de los principios espirituales; contrastada con kāmya bhakti.

Tiruvaḷḷuvar Poeta y filósofo tamil, muy conocido por el Tirukkuraḷ, un trabajo sobre dharma, artha (riqueza) y kama (deseo).

Trētā Yuga Véase yuga.

triguṇas Véase guṇa.

Tryambaka Literalmente, «con tres ojos»; un nombre de Śiva, que tiene tres ojos y es el padre de los tres mundos; el arco de Śiva, que Rāma consiguió encordar y romper logrando así la mano de Sītā en matrimonio.

Umā Otro nombre de Pārvatī, la consorte del Señor Śiva; la Madre Divina.

upadēśa Consejo espiritual.

upaniṣad Las partes de los Vēdas que tratan sobre el Autoconocimiento.

vairāgya Desapasionamiento.

Vaḷḷikkāvu Pueblo del otro lado de la ría, en el lado oriental de la península donde se encuentra el Amṛtapuri Āśram. A Amma a veces se la conoce como «Vaḷḷikkāvu Amma».

vandanam Salutación; postrarse ante el Señor; véase nava-vidha-bhakti.

Vārāṇasī Véase Kāśī.

Varkala Ciudad costera del distrito de Tiruvananta-puram, en Kēraḷa.

vāsanā Tendencia latente o deseo sutil que se manifiesta como pensamiento, motivación y acción; impresión subconsciente adquirida mediante la experiencia.

Vasiṣṭha Gran sabio y guru de Rāma.

Vasudēva Padre de Kṛṣṇa.

Vāsuki Serpiente que utilizaron los dioses y los demonios como cuerda de batir para obtener el néctar de la inmortalidad a partir del océano de leche; esposa de Tiruvaḷḷuvar.

Vāyu Dios del Viento y deidad que rige el tacto.

vēdānta «El final de los Vēdas». Se refiere a las upaniṣad, que tratan sobre el tema de Brahman, la Verdad Suprema, y el camino para conocer esa Verdad.

vēdāntin Seguidor o practicante de vēdānta.

Vēdas Las más antiguas de todas las escrituras, procedentes de Dios. Los Vēdas no fueron escritos por ningún autor humano, sino que fueron «revelados» a los antiguos ṛṣis en meditación profunda. Estas sabias revelaciones llegaron a conocerse como los Vēdas, de los que hay cuatro: ṛg, Yajus, Sāma y Atharva.

védico Relativo o perteneciente a los antiguos vēdas.

Vēṇu Nombre premonástico del autor.

vibhakti Erudición.

viśiṣṭādvaita «Advaita limitado». Filosofía que sostiene que solo Brahman existe y que el jīva (alma individual) y el jagat (universo) son manifestaciones o atributos de Brahman.

Viṣṇu Señor de la Conservación en la Trinidad Hindú.

Vyāsa Padre de Śuka, compilador de los vēdas y autor de los Purāṇas, los Brahmasūtras, el Mahābhārata y el Śrīmad Bhāgavatam.

vyatirēka Negación, discordancia o diferencia; distinción, separación, exclusión; a menudo en contraste con anvaya.

Yaśodā Madre adoptiva de Kṛṣṇa.

yōga De «yuj» (samādhau), que significa «concentrar la mente»; «yuj» (samyamanē), que significa «controlar»; y «yujir» (yōgē), que significa «unir». Unión con el Ser Supremo. Un término amplio, que también se refiere a diversos tipos de prácticas mediante las cuales podemos alcanzar la unidad con lo Divino. Un camino que lleva al Autoconocimiento.

yōganidrā Sueño yōgico en el que hay absoluta conciencia.

yuga Según la cosmología hindú, el universo —desde su origen hasta su disolución— pasa por un ciclo formado por cuatro yugas o eras. El primero es el Kṛta Yuga, durante el cual reina el dharma en la sociedad. Cada era subsiguiente contempla el declive progresivo del dharma. El segundo se conoce como

Trētā Yuga, el tercero como Dvāpara Yuga y el cuarto, que es la era actual, se conoce como Kali Yuga.

Guía de pronunciación

Las vocales pueden ser cortas o largas:
a – como «a» en pura
ā – como «a» en lápiz
e – como «e» en doce
ē – como «e» en cena
i – como «i» en informe
ī – como «i» en sí
o – como «o» en miro
ō – como «o» en Sol
u – como «u» en dudó
ū – como «u» en tú
ṛ – como «ri» en caridad
ḥ – «aḥ» se pronuncia «aha» (con la h aspirada, como en inglés); «iḥ», «ihi»; y «uḥ», «uhu»

Algunas consonantes son aspiradas (p. ej. kh); otras no lo son (p. ej. k). Las aspiradas van seguidas por una h aspirada (como la h inglesa). Los ejemplos que se dan más abajo solo son aproximados.
k – como la «k» de koala
kḥ - como «c-h» en frac-hámster
g – como la «g» de gato
gḥ - como «g-h» en ring-hámster
c – como la «ch» de dicha
ch – como «ch-h» en sándwich-hámster

j – como la «j» de John (en inglés)
jh – como «j» seguida de una h aspirada
ñ – como la «ñ» de caña

Las letras d, t, n con un punto debajo se pronuncian con la punta de la lengua tocando el cielo del paladar; cuando no llevan punto, con la punta de la lengua tocando la base posterior de los dientes superiores.

ṭ - como una «t» con la punta de la lengua tocando el paladar
ṭh – igual que la anterior seguida de una aspiración
ḍ - como una «d» con la punta de la lengua tocando el paladar
ḍh – igual que la anterior seguida de una aspiración
ṇ - como una «n» con la punta de la lengua tocando el paladar
p – como la «p» de «paz»
ph – como «p-h» en stop-hámster
b – como la b de «boca»
bh – como «b-h» en club-hámster
m – como la «m» de mesa
y – como la «y» de yoga
r – como la «r» de cara
ḷ - como una «l» con la punta de la lengua tocando el paladar
v / w – detrás de vocal, como la «v» de «voz»; detrás de consonante, como la «w» de kiwi
ṣ – como una «s» con la punta de la lengua tocando el paladar
ś – como la «sh» de «shock»
h – como la «h» aspirada de «hámster»

Con dobles consonantes solo se pronuncia dos veces el primer sonido:

cc- como «ch-ch» en sándwich-Chile
jj – como «ch-j» en sándwich-John

El signo «‘» se usa cuando se elide la vocal «a». Por ejemplo, la palabra śivo’ham se compone de «śivaḥ» y «aham». Cuando se unen ambas palabras, se elide la vocal inicial de «aham» y la elisión se indica con el signo «’».

Sobre el autor

Swāmi Praṇavāmṛtānanda Puri se unió al āśram en 1980 y es uno de los principales discípulos sannyāsīs de Amma. Tiene una licenciatura en Zoología y un máster en literatura sánscrita. Swāmiji ha estado enseñando sánscrito a los residentes del āśram siguiendo las instrucciones de Amma. También es un destacado orador en el canal televisivo *Amrita TV.* Swāmiji, reconocido cantante y percusionista, ha acompañado a Amma en distintos programas en la India y el extranjero. Ha escrito e instrumentado muchas canciones devocionales. Swāmiji ha escrito *My Mother, My Master* (en inglés) y *Amma nalkiya pāṭhangaḷ* (en malayāḷam). Este es su tercer libro.

www.ingramcontent.com/pod-product-compliance
Lightning Source LLC
LaVergne TN
LVHW051550080426
835510LV00020B/2932
* 9 7 8 1 6 8 0 3 7 8 4 4 3 *